L'environnement doit devenir la matière première de l'architecture.

Cette question fondamentale nous fait changer d'échelle. La pensée architecturale doit s'étendre du cosmos à l'atome. Elle doit se libérer des logiques modernistes de l'urbanisme fonctionnel, systématique et déterminé. Elle doit dépasser la culture postmoderniste de la ville des symboles et du commerce. Elle doit élargir l'approche métropolitaine de la congestion et de l'hystérie du « manhattanisme » pour considérer les échanges entre métropoles, campagnes et climat à l'échelle du globe. Il s'agit de penser à nouveaux frais l'installation des humains sur Terre.

En considérant l'architecture comme une modulation localisée de l'environnement, quel environnement prenons-nous en compte ? Et comment voulons-nous le moduler ? Quel monde voulons-nous construire ? Avec quel milieu voulons-nous établir une nouvelle communion ?

Le travail de Parc achitectes propose, à partir de champs de considération vastes, des formes construites, condensées et élémentaires en interaction avec leur environnement.
Nous concevons des structures comme des installations échangeant avec leur milieu pour permettre aux activités des Terriens de s'épanouir.

À l'image de la production de notre agence, ce livre vise à faire émerger de la simplicité dans la complexité. Pour circuler dans l'ouvrage, nous utiliserons la notion d'environnement comme vaisseau d'exploration. On partira du plus vaste pour rejoindre le plus réduit. Cet ouvrage invite à un voyage. Conçu comme une longue colonne à faire défiler, il peut se lire du début à la fin ou par fragments. C'est une pierre de plus à l'édification d'un paradigme architectural qui pose l'environnement comme question première.

Cosmos	1
Atmosphère	17
Parc	33
Terriens	55
Sol	75
Annexes	86

Cosmos

13,8.10⁹ al — 800 km

UDFy-38135539 est le nom donné à la galaxie observable la plus éloignée de la Terre. Elle est située à 13,1 milliards d'années-lumière. Un peu plus loin, à 13,8 milliards d'années-lumière se trouve la limite du visible. Au-delà, la lumière ne nous parvient plus. Cela donne l'ampleur de ce que nos connaissances récentes nous permettent de prendre en compte comme contexte pour construire un habitat sur Terre et sous les étoiles.

    Au cours du XXe siècle, le savoir s'est largement diffusé, par l'école, par la presse et par les technologies de communication. Le niveau élevé d'instruction permet à une grande partie des habitants de la Terre d'imaginer leur planète depuis l'extérieur et de se la figurer comme un astre dans l'univers.

Thomas Ruff
16h30m/-50°, de la série *Sterne*, 1989
Image produite par l'artiste à partir des archives de l'Observatoire Européen Austral du Chili. Cette fabrication a pour source une « image scientifique ». Une fois retravaillée, l'image entre dans le champ de l'art.

NASA
Uranus, prise de vue par le spectrographe d'imagerie et la caméra du télescope spatial Hubble de la NASA, 19 août 2002.

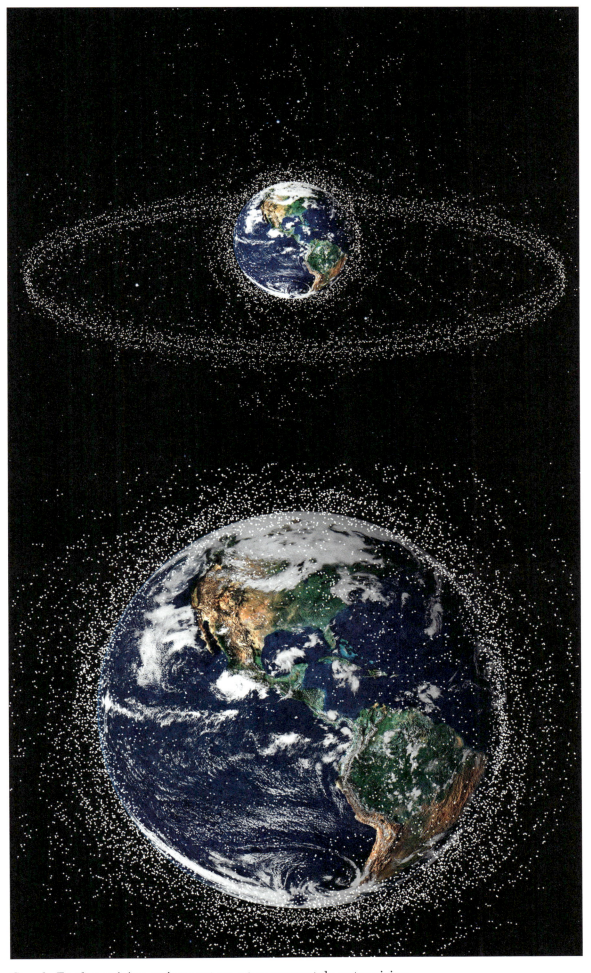

Représentation informatique des débris spatiaux en orbite autour de la Terre. Les objet sont concentrés en orbite géostationnaire (haut) et en orbite terrestre basse (bas). Un débris spatial est un objet artificiel circulant sur une orbite terrestre amené là dans le cadre d'une mission spatiale, qui n'est pas ou plus utilisé. Les débris spatiaux de grande taille comprennent les étages supérieurs des lanceurs spatiaux et les satellites artificiels ayant achevé leur mission. La majorité des débris spatiaux résultent de l'explosion accidentelle d'engins spatiaux ou, phénomène récent, de leur collision. La dimension de ces débris peut aller d'une fraction de millimètres à la taille d'un bus. Début 2016, environ 17 000 débris de plus de 10 cm circulant en orbite basse ont été identifiés. On estime qu'il existe environ 500 000 débris de plus de 1 cm et 100 millions de débris spatiaux dont la taille est supérieure à 1 mm. Ces débris sont progressivement éliminés et brûlés par frottement avec l'atmosphère terrestre, mais leur nombre est en augmentation constante du fait de l'activité spatiale et d'une élimination naturelle très lente dès que leur orbite dépasse 700 km.
Getty Image

Google Earth participe activement au retournement de notre vision du monde. Plus puissant qu'un planisphère, ce logiciel présente la Terre depuis l'espace et nous fait plonger sur n'importe quel point de sa surface. Notre planète, intégralement photo-cartographiée, est un navire bleu taché de formes beiges et vertes dans lequel, en zoomant, on découvre un fourmillement d'installations humaines. On se rend alors compte que toutes les surfaces viables sont urbanisées par des villes en réseau, à l'exception des déserts trop chauds ou trop froids.

NASA
Première image diffusée à la télévision de la Terre depuis l'espace, capturée pas le satellite Tiros 1 le 1er avril 1960.

NASA
Photographie de la première sortie extra-véhiculaire par l'astronaute de la NASA Bruce Mc Candless II, le 7 février 1984. La prise de vue s'est faite depuis la navette spatiale Challenger, en orbite terrestre, au cours de la mission STS-41B. Mc Candless devient le premier être humain à manœuvrer dans l'espace, sans attaches, grâce à l'UMM (unité de manœuvre contrôlée), premier équipement commandé à la main et propulsé à l'azote.

L'activité des humains sur Terre en a fait une espèce dominante, capable de rivaliser avec les plantes et les forces géologiques en modifiant la composition de l'atmosphère au point d'influencer le climat de toute la planète. En quelques centaines d'années, les humains ont aménagé la surface de la planète et en ont fait un grand parc planétaire qu'ils gèrent pour y habiter confortablement au détriment des autres êtres vivants. Les humains ont pris le dessus sur leur planète et en sont devenus la principale menace. Depuis qu'ils en ont conscience, ils ont pris en charge le devenir de leur milieu, pour le meilleur ou pour le pire. Ainsi, les sujets d'aménagement ne concernent plus seulement la parcelle, la ville ou la métropole, mais des jeux d'interdépendances à l'échelle du globe.

Environnement

Martin Bevis
et Charlie Youle
The Planets, 2011
Faïence émaillée

L'environnement désigne un sujet à la fois omniprésent et paradoxal. Il est considéré dans son acception écologique par la plupart des architectes comme relevant principalement du champ de la technique, des ingénieurs, des normes et des labels. Si la notion d'environnement a été accaparée par une logique et une pensée politique et écologique qui concentre notre attention sur sa dimension physique et biologique, elle ne se limite pas à cela. On parle d'ailleurs d'environnement culturel pour décrire et comprendre le fonctionnement d'une personnalité, d'un groupe social ou d'une œuvre architecturale. L'environnement contient tout ce qui peut rentrer en interaction avec un sujet considéré. L'environnement est donc un sujet qui peut être traité par tous les champs de la connaissance et des savoir-faire. L'environnement est culturel, social, artistique, juridique, sensible, médical, géographique, biologique… et architectural.

Si l'on considère l'environnement dans son acception la plus large, il convient de prendre en compte l'ensemble de ce qui entoure un sujet. Alors, qu'est-ce qui entoure les humains ? Des animaux, des polluants, des machines, une atmosphère… Qu'est-ce qui entoure un bâtiment ? D'autres constructions, un climat, une histoire, des activités, des gens… Qu'est-ce qui entoure un projet ? Des utilisateurs, des commanditaires, des normes, des processus administratifs… Qu'est-ce qui entoure une idée ? Une culture, des controverses, des luttes politiques, etc.

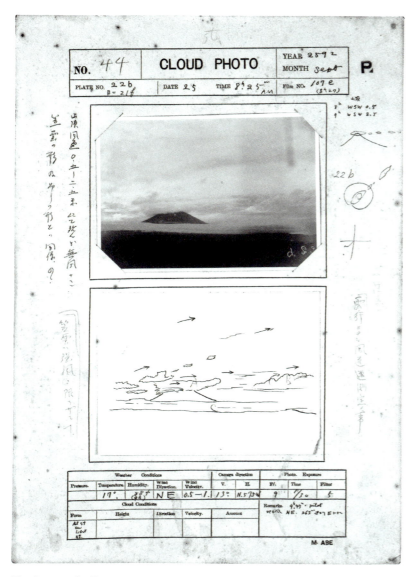

Masanao Abe
Field Note for September 25, 1992
Extrait du livre d'Helmut Völter, *The Movements of Clouds around Mount Fuji, photographed and filmed by Masanao Abe*

Gerhard Richter
27 April '05, 2005
Huile sur photographie en couleurs

S'agissant de l'architecture aujourd'hui, c'est l'aspect physique et écologique qui a pris le dessus. D'ailleurs, la majorité des acteurs de la construction évaluent la qualité d'un projet à l'obtention de labels et la mise en conformité à des normes majoritairement quantitatives. Quelle est l'énergie nécessaire pour construire et conserver le climat intérieur ? Quelle quantité de lumière va pouvoir pénétrer dans les pièces ? Quel affaiblissement acoustique va assurer l'enveloppe ? Quel coût de maintenance va entraîner à moyen terme l'entretien ? Tous ces questionnements ont des répercussions sur les modes de vie, sur les ambiances intérieures ou sur l'organisation des villes. Ces aspects, que l'on pourrait croire restreints aux domaines des techniques, sont donc aussi sociaux et culturels par les interactions qu'ils entraînent.

En considérant tout ce qui nous entoure, on arrive à une notion d'environnement largement inclusive qui regroupe tous les éléments de la planète (air, eau, végétaux, animaux, humains ou minéraux). Habituellement, on place l'humain au centre de cette conception. Or c'est là un fondement de primauté à remettre en cause pour construire une pensée de l'environnement. Les humains ne sont que des composants de l'environnement au même titre que les autres Terriens.

Les humains en tant que constituants de l'environnement interagissent avec leur milieu et entre eux. Par ces échanges, ils créent ce que l'on appelle la culture. L'environnement est donc à la fois physique et culturel.

L'environnement ne se limite donc pas à ce qui relève de la nature, de la science et de la technique, mais s'étend à la culture, la société et l'art. Pour utiliser la notion d'environnement comme moyen d'exploration des questionnements en architecture, il s'agit d'envisager les humains et leurs fabrications comme des constituants en échanges constants avec leur milieu naturel et culturel. Ainsi, l'architecture est un constituant de l'environnement avec lequel les Terriens sont en interaction. Cette notion d'environnement peut donc être considérée comme physiologique, physique, biologique ou chimique si l'on suit les sciences de la matière. Elle peut être prise comme culturelle, sociale ou politique si l'on suit les sciences humaines. On peut l'aborder par l'expérience sensible si l'on suit les artistes.

Armin Linke
Mountain with antennas, Kitakyushu, Japon, 2006

Dans l'histoire de l'architecture, les modernes ont associé l'architecture à l'espace euclidien puis les architectes postmodernes aux signes et aux langages. Il est temps d'unifier ces approches par une considération large en pensant les interactions. L'architecture comme matérialité échange avec l'espace ; comme acte culturel, elle dialogue avec les signes ; comme expérience vécue, elle interfère avec les individus ; comme environnement, elle interagit avec son milieu.

Conservatoire de
musique de Meyzieu,
France, 2017
Vue de la façade
principale

Ann Woo
Sunset, Blue, 2008

Le rôle fondamental de l'architecture pour nous est de construire une
médiation avec son contexte, son climat ou son biotope. Il s'agit alors
de concevoir l'architecture comme un abri. Le toit protège du soleil
et de l'eau. Les murs permettent de maintenir une exception climatique
intérieure. Ils ont aussi une fonction sociale en créant une barrière

contre les intrusions des autres humains, des animaux, des plantes et des organismes gênants. L'architecture est une modulation locale de l'environnement, naturel et culturel, physique et social, écologique et politique.

Dans nos habitudes de conception, l'idée d'environnement est souvent mise de côté, considérant qu'elle relève de spécialistes. Par facilité, le projet à concevoir est généralement isolé de son milieu pour être développé par l'imaginaire du concepteur dans le cadre réduit d'un bureau, d'un logiciel ou d'une feuille de papier. Ils nous faut à présent faire cet effort permanent qui consiste à recontextualiser, à reterritorialiser, à réintégrer nos projets dans leur environnement pour réussir à mieux les acclimater, pour trouver leur spécificités et ainsi concevoir l'architecture comme environnement.

Patio

Le projet du conservatoire à Meyzieu s'organise autour d'un patio. Cet équipement se situe en milieu suburbain où les bâtiments s'ignorent les uns les autres. Les espaces publics extérieurs sont difficilement appropriables car conçus pour les automobilistes. En plaçant un espace extérieur au cœur du bâtiment, le projet se positionne en lien avec le ciel et offre à la ville un lieu spécifique et appropriable.

Conservatoire de musique de Meyzieu
Vue du patio

Le patio est un dispositif architectural qui renverse les relations habituelles. C'est une fenêtre zénithale, un espace où l'extérieur est à l'intérieur. C'est un microclimat abrité des vents et du bruit de la rue. Les Romains l'appelaient atrium et l'entouraient d'un péristyle. À Meyzieu, où le climat est moins clément, la périphérie du patio est un déambulatoire vitré qui distribue toutes les fonctions du conservatoire. Par la singularité environnementale qu'il génère, le patio va permettre le déroulement d'activités spécifiques : récréations, spectacles ou festivités. Ces moments vont produire dans l'imaginaire collectif un lieu singulier de la culture locale.

Conservatoire de musique de Meyzieu
Schéma atmosphérique

Maquette de la structure élémentaire

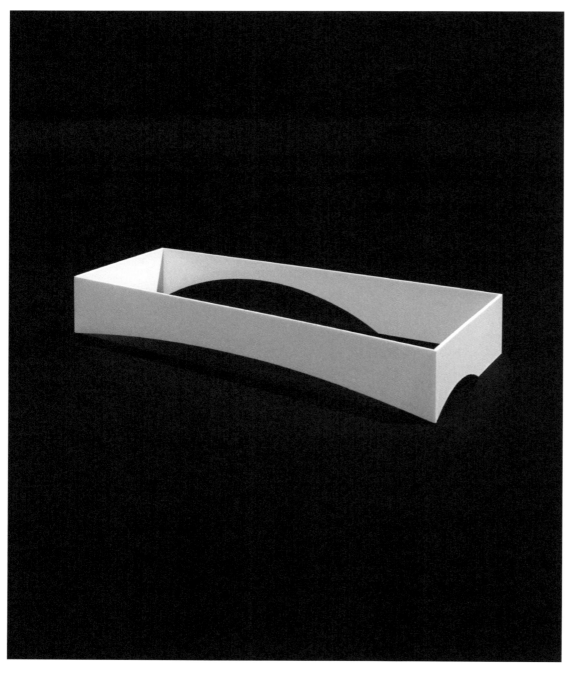

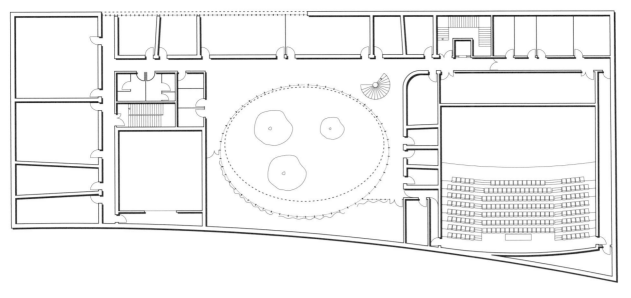

Conservatoire de musique de Meyzieu
Plans du 1ᵉʳ étage et du rez-de-chaussée

Carte de situation

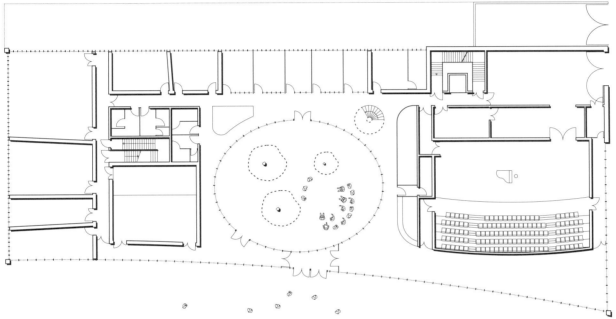

À l'extérieur, le bâtiment s'affiche comme un grand écran minéral tendu sur 70 mètres qui institue un parvis devant la gare. À la fois massif et élancé, le projet prend place entre le sol et le ciel.

La lumière est la matière essentielle du dispositif architectural. Le parvis étant en contre-jour, elle se glisse sous la façade, le soleil entre au cœur de l'édifice par la découpe du toit et projette sur la place un disque de lumière. Le soir, c'est l'éclairage intérieur qui souligne les courbes du conservatoire. Le bar et le patio s'illuminent et annoncent le spectacle. La vie du bâtiment est rythmée par les oscillations entre la lumière du ciel et celle des spectacles.

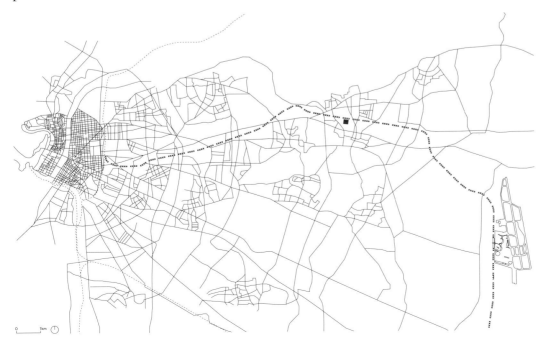

Erin Shirreff
Roden Crater, 2009
Images tirées d'un film d'Erin Shirreff sur le cratère Roden où l'artiste James Turell développe depuis 1979 une œuvre colossale à l'échelle du paysage. Le film expose une multitude de variations atmosphériques autour du cratère. Mais ces variations ont en fait été créées en studio à partir d'une image du site récupérée sur internet.

→ Séverin Guelpa
Black Mesa, 2018
Toile aluminium, feuilles plastiques
Black Mesa consiste en une structure aérienne et une peinture. Inspirée par l'énergie du lieu, la force du soleil et la couche de pollution noire qui recouvre le glacier, elle fait référence aux collines de la Black mesa dans l'état du Nevada, un site amérindien Navajo, lieu à la fois sacré et pollué par l'exploitation du charbon. Sur le glacier, des masses de matière noire composées à 40% d'hydrocarbures s'accumulent. Formant un film qui recouvre la glace, elles amplifient les effets des rayons solaires sur le processus de fonte. Un cercle de cette matière est ainsi peint sur un bloc de glace puis s'estompe mais ne disparait pas. À l'opposé, sur le glacier, une grande structure gonflable semble s'envoler sous l'effet de la chaleur.

Soleil

Notre étoile est l'énergie primordiale de la vie terrestre. On l'oublie facilement mais l'économie industrielle repose sur l'énergie solaire fossilisée dans les plantes et les autres organismes qui ont généré le charbon, le pétrole et le gaz. Le soleil assure un apport énergétique et lumineux par rayonnement que l'architecture régule par les vitrages, leur exposition et leur protection. Le traitement de ces relations au soleil inscrit dans l'architecture une relation climatique qui devient culturelle. Ainsi, les fenêtres se réduisent dans les pays fortement ensoleillés et s'élargissent dans les latitudes moins exposées pour capter un maximum de lumière et de chaleur.

L'architecture a fondamentalement à voir avec l'énergie, qu'il s'agisse de celle utilisée pour maintenir un climat intérieur ou de celle investie pour la construction. Au XXe siècle, avec les machines de traitement thermique (climatisation et chauffage), la dissociation entre l'expression des façades et le climat est devenu critique. Le schisme entre la conception climatique de la façade et l'activité qu'elle enveloppe trouve son apogée. Dans les déserts du Moyen-Orient, on construit des immeubles de verre en plein soleil que l'on climatise en consommant de l'énergie fossile. De manière absurde, on consomme de l'énergie du passé pour lutter contre des apports énergétiques gratuits quotidiens dont on ne veut pas…

Ces expressions architecturales inappropriées au climat sont érigées pour des motivations esthétiques et culturelles, qui visent à importer une architecture contemporaine de verre, symbole de prospérité. Ce genre de décontextualisation pour des raisons plastiques et symboliques caractérise la postmodernité architecturale. Le modernisme avait également pratiqué une délocalisation en exportant des toitures terrasses de pays chauds et secs du nord de l'Afrique vers des climats pluvieux de l'Europe pour des raisons d'abstraction esthétique.

Aujourd'hui, le premier sujet architectural reste, dans une perspective postmoderne encore dominante, l'apparence visuelle et photogénique. Vient ensuite le souci structurel et constructif lié à l'organisation du plan. Enfin, on délègue aux ingénieurs le traitement des sujets dits techniques dont la gestion de l'énergie. Pour envisager une architecture comme environnement, il s'agit d'inverser cette succession de sujets de conception en traitant en premier lieu l'énergie, puis la structure, pour optimiser la gestion énergétique, pour finir par traiter les aspects culturels et esthétiques qui en découlent alors.

En modulant la distribution et la circulation de l'énergie, l'architecture peut produire des effets bien plus puissants que celui du « plaisir des yeux ». En exploitant des voluptés thermiques, c'est à tout le corps, de la peau au cerveau, que l'architecture peut s'adresser. Rappelez-vous l'ensemble des modifications qui circulent dans votre corps et votre esprit lorsque vous pénétrez, en été, dans la fraîcheur d'un bâtiment de pierre ; ou lorsque que vous partagez, en hiver, le feu d'une cheminée. L'évocation de ces situations réveillent aussi bien des sensations physiques qu'émotionnelles qui vont bien au-delà des jeux de langage en façade.

Entrepôts MPR, réhabilitation et transformation, Gennevilliers, France, 2017
Percements des façades avant et après intervention

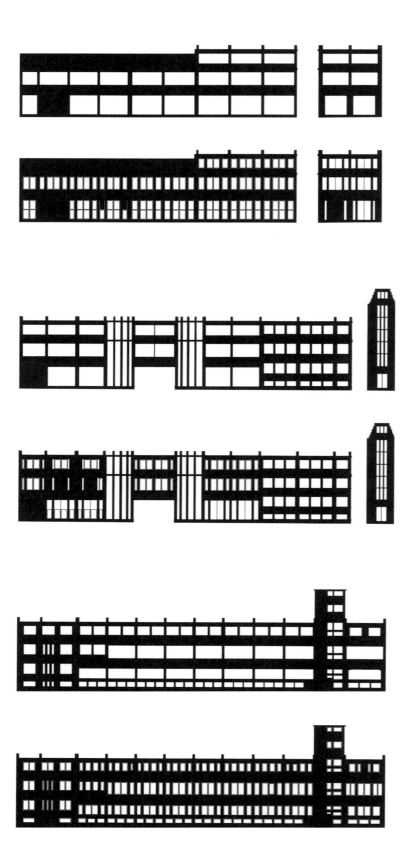

Entrepôts MPR,
réhabilitation
et transformation,
Gennevilliers
Vue la façade principale

Vue de la cour

Brise-soleil

L'architecture de ce projet de transformation d'une ancienne usine en bureaux se concentre sur le resserrement progressif de la maille qui tamise le soleil et diffuse la lumière à l'intérieur. Le tamisage de la lumière associe la trame constructive initiale, le module des baies vitrées et les grilles métalliques des protections solaires.

    L'intervention a consisté à changer les grandes baies vitrées en simple vitrage des ateliers, initialement conçues pour prodiguer un maximum de clarté aux ouvriers, par des fenêtres dimensionnées pour accueillir des espaces de bureaux climatisés. La trame constructive de l'immeuble est subdivisée par des menuiseries reprenant les modénatures de poteaux arrondies présentes sur d'autres parties du bâtiment. On réduit ainsi la surface de vitrage tout en augmentant les parties isolées.

Entrepôts MPR,
réhabilitation
et transformation,
Gennevilliers
Vue depuis les
nouveaux escaliers

Vue des espaces
de bureaux

Des brise-soleil, ajoutés en partie haute des baies, assurent une
protection permanente tout en laissant passer une lumière diffuse.
Dans le projet, les grilles métalliques sont inclinées comme des
stores en tissu évoquant la volupté de la chaleur solaire.

Atmosphère

800 km — 0 m

Considérer l'environnement, c'est penser de manière holistique. C'est poser le milieu comme premier et s'intéresser aux interactions qui s'y déroulent. Autour d'un sujet, l'environnement s'étend infiniment, contenant et dépassant les bâtiments, les aménagements, les étendues végétales et sauvages.

Si l'environnement est une notion conceptuelle, ce qui nous entoure concrètement est l'atmosphère. Nous sommes plongés dans la couche de gaz qui emballe la planète. Sans atmosphère, l'humain ne peut pas survivre. En prenant un peu de recul, un humain vivant est composé d'un corps et d'atmosphère. Lorsque l'on sort dans le vide spatial ou que l'on plonge dans l'eau, on emmène avec soi un stock d'atmosphère. Nos corps s'étendent à l'atmosphère dont ils sont inséparables. Visuellement ce n'est pas instinctif car l'air nous semble vide. Néanmoins pour un extra-terrestre nous sommes comme des poissons dans un bocal d'atmosphère.

James Lovelock
Illustration reprise de l'ouvrage
La Terre est un être vivant : l'hypothèse Gaïa

Tableau 3 : Quelques gaz chimiquement réactifs de l'air

Gaz	Abondance %	Flux en mégatonnes par an	Ampleur du déséquilibre	Fonction possible dans le cadre de l'hypothèse Gaïa
Azote	79	300	10^{10}	Bâtisseur de pression Extincteur Alternative au nitrate de la mer
Oxygène	21	100 000	Néant Sert de référence	Gaz de référence énergétique
Dioxyde de carbone	0,03	140 000	10	Photosynthèse Contrôle climatique
Méthane	10^{-4}	1 000	Infinie	Régulation de l'oxygène Ventilation de la zone anaérobie
Protoxyde d'azote	10^{-5}	100	10^{13}	Régulation de l'oxygène Régulation de l'ozone
Ammoniac	10^{-6}	300	Infinie	Contrôle du pH Contrôle climatique (autrefois)
Gaz sulfureux	10^{-8}	100	Infinie	Gaz de transport du cycle sulfureux
Chlorure de méthyle	10^{-7}	10	Infinie	Régulation de l'ozone
Iodure de méthyle	10^{-10}	1	Infinie	Transport d'iodure

Note : « Infinie » dans la colonne 4 signifie que l'ampleur du déséquilibre excède les capacités de calcul des ordinateurs.

À partir de cette supposition où l'on considère l'air comme partie intégrante de notre corps, on peut se figurer que nous partageons un même corps avec les autres organismes aérobies vivants. L'atmosphère est notre corps commun. L'atmosphère est ainsi la principale matière commune des terriens. Elle est composée de nos constituants originels, oxygène, carbone et eau, au même titre que les premières formes de vie terrestre. L'atmosphère n'est vivable que si elle est dépolluée de ses composants nocifs et alimentée en oxygène neuf par d'autres organismes vivants, notamment les plantes.

Les humains faisant partie des composants de l'atmosphère, nous partageons cette soupe vitale avec une multitude de composants non-humains, majoritairement des gaz et de l'eau sous différentes formes mais aussi des animaux et des machines, des micro-organismes, des particules et des poussières, des fumées et des odeurs, des photons et des rayonnements, des ondes électromagnétiques, lumineuses ou acoustiques, des radiations, etc. L'ensemble de ce bain de vie est remué par d'amples mouvements thermiques, des variations de pression, de rayonnements solaires et stellaires générant nos climats.

Ainsi, ce que nous considérons habituellement comme le vide de l'atmosphère est en fait plein d'air, et l'architecture y est plongée. L'architecture est le contenant local des constituants de l'atmosphère. On peut alors relire bon nombre de bâtiments

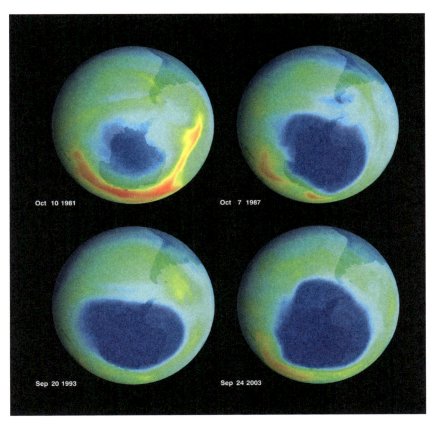

comme des dispositifs de conditionnement. Un hôpital devient une collection d'exceptions atmosphériques où l'air est purifié de ses microorganismes, refroidi ou réchauffé, pulsé ou extrait. Dans les salles de radiologie circulent des rayons ou des champs magnétiques. Un sauna est une boîte pleine de rayonnements infrarouges. Des thermes sont des dispositifs à étanchéité variable remplis d'eau liquide et gazeuse. Une salle de spectacle est une caisse de résonnance couplée avec un dispositif lumineux. Un restaurant est un stimulateur sensoriel débordant de parfums et d'ambiances lumineuses ajustées

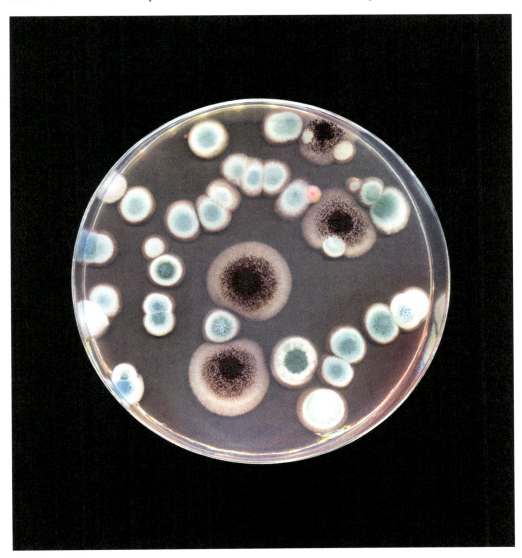

NASA
Images issues du capteur Total Ozone Mapping Spectrometer (TOMS) de la NASA. Chaque carte présente la taille du trou dans la couche d'ozone lors de son pic annuel (dates des mesures : 10.10.1981, 7.10.1987, 20.09.1993, 24.09.2003). Le trou dans la couche d'ozone au-dessus de l'Antarctique devrait progressivement s'atténuer à mesure que les chlorofluorocarbures (CFC) diminuent dans l'atmosphère. Les scientifiques estiment que le trou dans la couche d'ozone en Antarctique reviendra aux niveaux de 1980 d'ici 2070. La mesure ici présentée pour 2003 établit le second record de superficie enregistré, à 17,54 millions de km².

Dane Mitchell
Dust Archive, 2003-2019
Culture de bactéries issues de poussière de diverses galeries d'art dont : Museum of Modern Art, New York, 2007, Guggenheim, New York, 2007, Fondation Beyeler, Bâle, 2009, Kunsthaus Zürich, Zürich, 2009, Tate Britain, Londres, 2003, Te Papa, Wellington, 2003, Galerie d'art d'Auckland, 2003, Govett Brewster, New Plymouth, 2003.

pour exciter les yeux et les papilles. Une boîte de nuit est un shaker acoustique débordant de vapeurs et de phéromones. Un logement est un lieu où chacun travaille son atmosphère personnelle : lumière, température, odeurs, couleurs, etc.

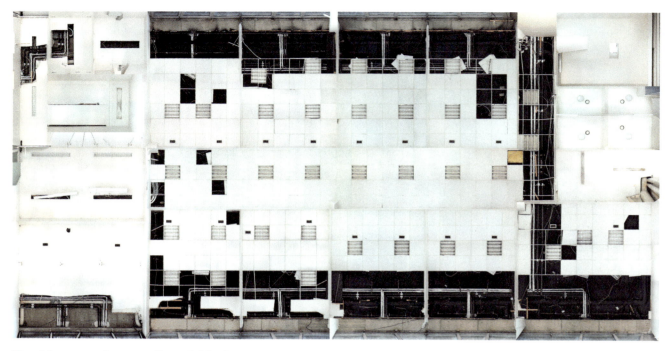

L'architecture n'est pas dissociable de l'atmosphère puisqu'elle module ce matériau pour créer le confort et ses effets visuels. Considérer l'atmosphère, c'est admettre la continuité entre tous les éléments qui la composent, architecture et humains compris.

Air

La matière dont est faite l'atmosphère est majoritairement de l'air (gaz, particules, poussières, radiation, ondes, chaleur, odeur, son, etc.). L'air est ce que nous respirons. C'est le souffle. L'air entre et sort de nos corps. Il se dissout dans l'atmosphère et pénètre d'autres corps.

L'air est une matière primordiale de l'architecture. Une construction est une boîte d'air, conçue pour en ajuster les qualités. L'isolation des parois vise à créer un gradient thermique entre l'extérieur et l'intérieur pour que l'air y soit à bonne température. Le traitement de l'air est d'ailleurs devenu un poste économique prépondérant de la construction.

Ces considérations relatives à l'atmosphère et l'air pourraient sembler faire uniquement partie du domaine scientifique mais l'air est un enjeu social et culturel. Par exemple, la qualité de l'air est un marqueur de ségrégation majeur. Le confort est une question d'air, qu'il s'agisse de sa température, de son odeur ou de sa composition. Lorsque l'on a les moyens de voyager, on dit que l'on va « prendre l'air ». Dans les villes, les plus riches habitent sur les hauteurs pour respirer l'air frais tandis que les plus pauvres sont dans les quartiers bas moins bien ventilés. Les traitements médicaux par la qualité de l'atmosphère sont nombreux comme les cures thermales ou les sanatoriums de montagne.

    L'un des buts de l'architecture consiste à sculpter l'atmosphère localement pour l'adapter à l'activité que l'on veut y pratiquer. Le travail architectural de modulation de l'air et de l'ambiance constitue d'ailleurs ce que l'on appelle couramment l'atmosphère d'un lieu.

← Andreas Geffeler
Untitled, Ceiling 3, Düsseldorf, 2007
Montage systématique de vues photographiques d'un faux plafond en ruine.

↙ Shinji Ohmaki
Liminal Air Space-Time, Mori Art Museum, 2012
Voile de tissu suspendu dans un flux laminaire d'air.

Immeuble de bureaux, quartier des Batignolles, Paris, France, 2014
Vue de la façade côté voie de chemin de fer

Gaines

Les conventions techniques actuelles et les habitudes d'usage conduisent à concevoir des espaces de bureau climatisés à environ 21°C toute l'année. L'éclairement doit y être quasiment constant. L'air y circule mécaniquement après avoir été traité. L'environnement des lieux de travail doit fournir des conditions optimales et constantes pour l'activité tertiaire.

    Pour gérer le climat intérieur d'un immeuble de bureau les gaines ont une importance majeure. Comme le faisait autrefois les couloirs de service, les gaines se diffusent dans tous les espaces de manière dissimulée, ne laissant apparaître que des grilles. Renouvelant tout l'air du bâtiment, on leur construit une sorte d'immeuble homothétique dont la hauteur d'étage est d'environ 60 cm et se situe en faux plafonds et dans des colonnes verticales. Les machines de traitement d'air sont comme des pieuvres avachies sur la toiture, étirant leurs tentacules de métal dans toutes les cavités possibles. Échangeant de l'énergie entre l'intérieur et l'extérieur par des moteurs électriques et en jouant des phénomènes de compression et de détente de gaz, ces centrales thermiques réchauffent l'atmosphère à hauteur du rafraîchissement intérieur qu'elles prodiguent.

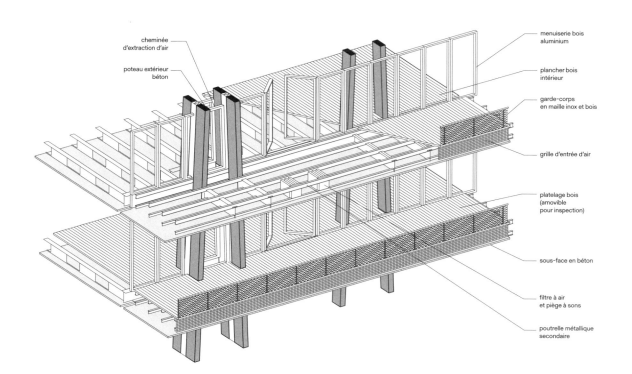

Immeuble de bureaux, quartier des Batignolles, Paris
Détail axonométrique montrant la structure creuse où circule l'air de la ventilation naturelle

Maquette de la structure élémentaire

Dans ce projet de bureaux à Paris, l'air n'est pas climatisé. C'est l'inertie de la structure en béton qui assure le chauffage et le rafraîchissement. De l'eau chaude ou froide circule dans les plafonds qui deviennent thermiquement actifs. En hiver, la chaleur des réseaux rayonne. En été, une forte ventilation nocturne permet d'emmagasiner de la fraîcheur pour la diffuser dans la journée.

Pour ce qui concerne la ventilation, c'est par la structure creuse du bâtiment qu'elle est assurée. L'air entre par les balcons, circule dans le faux plancher et est extrait par des cheminées solaires positionnées entre les poteaux en façade. La ventilation et le rafraîchissement sont hybrides. La circulation de l'air se fait naturellement par convection et tirage éolien. Des systèmes mécaniques assurent l'appoint en cas de besoin.

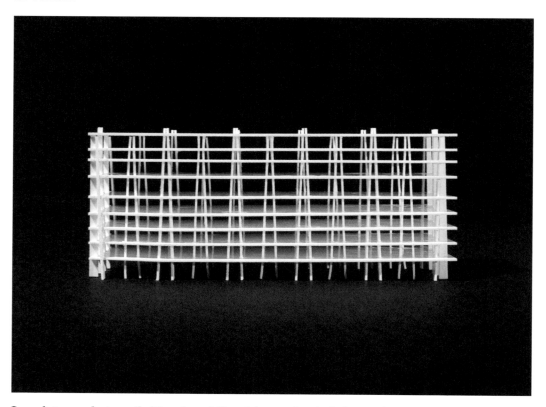

Les plateaux de travail s'étendent à l'extérieur grâce à de larges balcons périphériques. Ces balcons protègent la façade des rayonnements solaires tout en laissant pénétrer un maximum de lumière indirecte.

Ils prolongent les vues vers l'horizon, masquent les voies ferrées en pied du bâtiment et protègent des nuisances sonores. Dehors, sur les balcons, on peut téléphoner, fumer une cigarette, faire une pause, tenir une réunion informelle ou prendre l'air. Dans ce projet, c'est la forme de la structure qui assure l'usage et le climat.

Cependant toutes ces considérations climatiques et techniques ont des répercussions économiques, sociales et psychologiques, car avant d'être des lieux de vie, les espaces de bureaux sont des produits financiers. Les investisseurs achètent de la surface à louer. L'atmosphère intérieure doit donc être totalement conforme aux réglementations et labels en vigueur. Ainsi un immeuble de bureau conforme reçoit une bonne notation qui permet à la chaîne de décision chez l'investisseur, les banquiers et les assureurs de donner son accord pour engager des fonds. Il ne s'agit alors quasiment plus d'architecture ou d'ambiance pour le travail mais seulement de chiffres, des tableaux et de validations qualitatives et quantitatives. Une fois financé, l'immeuble peut être construit.

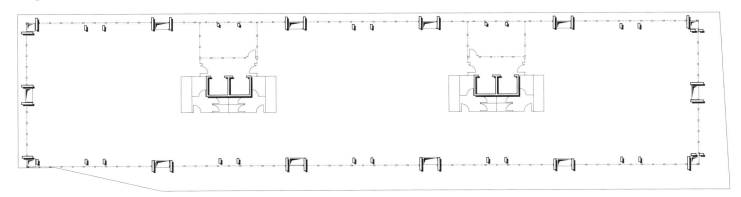

Ce processus de production des espaces tertiaires explique pourquoi un salarié passe la moitié de sa vie diurne dans un espace optimisé pour les placements financiers. Pour convenir aux habitudes d'investissement mondiales, les espaces de bureau sont standardisés, aseptisés et génériques, quasiment partout sur la planète.

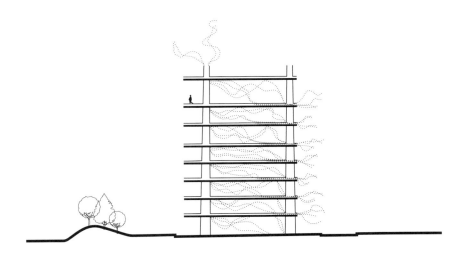

Météores

Le climat est l'ensemble des caractéristiques et des comportements de l'atmosphère dans ses variations de mouvement, de densité, d'humidité, de pression, etc. L'architecture sert à générer des modulations localisées de climats en jouant de l'ombre, de la circulation de l'air, du taux d'hygrométrie, de la température de l'air, etc. Si les qualités de l'air intérieur ne sont pas les mêmes que celles de l'air extérieur, il n'en demeure pas moins qu'il s'agit de la même matière

Immeuble de bureaux, quartier des Batignolles, Paris
Plan d'un plateau de travail

Schéma atmosphérique

et qu'il est donc nécessaire d'avoir des échanges constants entre l'intérieur et l'extérieur. L'atmosphère est continue, l'architecture n'en module que les caractéristiques locales.

Une des constructions les plus emblématiques pour illustrer la capacité de l'architecture à produire des climats artificiels est le Crystal Palace. Ce pavillon construit pour l'exposition universelle de 1851 dans Hyde Park à Londres est l'expression de la capacité de l'époque industrielle à modifier les conditions atmosphériques. C'est un exploit technique qui célèbre une nouvelle conquête des humains sur la domination de la nature. Cette bulle de verre développée sur une structure de métal est un des premiers très grands bâtiments créant une atmosphère artificielle et idéale sur Terre. À l'intérieur on reste en lien visuel avec l'extérieur, avec le parc arboré environnant et avec les variations météorologiques, mais sans en ressentir les vicissitudes. On est comme dehors mais à l'intérieur d'une exception de confort climatique. La chaleur est produite par de nombreux poêles dont la fumée s'échappe hors du bâtiment. Le Crystal Palace traduit l'objectif ultime de l'architecture de la prospérité : générer une bulle de confort climatique en donnant l'illusion d'être installé en harmonie avec la nature.

George Measom
Vue de l'intérieur du transept du Crystal Palace, 1851

Luisa Lambri
Untitled (Barragan House #05), 2005

Dispositifs

Les outils de modulation de l'atmosphère sont les dispositifs climatiques. Innombrables, ils ont la particularité d'intégrer dans une même architecture à la fois la culture et la nature. Ils sont conçus pour pouvoir générer des activités malgré le climat : préau dans les écoles, pergola sur les terrasses ou sauna dans la neige. Les dispositifs ajustent l'atmosphère aux pratiques humaines. Leur pouvoir est tel qu'ils deviennent des moyens de conditionnement et des symboles culturels.

    Pour illustrer cette idée à l'échelle d'un bâtiment, on peut prendre l'exemple d'une église qui regroupe plusieurs dispositifs de conditionnement spectaculaires. Elle met en scène l'apparition de la lumière traversant les vitraux créant des effets visuels sidérants pour ceux qui les découvraient. Sa structure de pierre génère une acoustique impressionnante et solennelle. Un autre exemple de conditionnement est le centre commercial où sont créés des lieux d'exagération climatiques. Dans ces boîtes de métal, on génère une température aux antipodes de celle de l'extérieur tandis que la lumière artificielle éclatante comme un soleil permanent fait scintiller la marchandise.

    Les dispositifs atmosphériques expriment les activités qu'ils permettent dans chaque climat : parasols en bord de plage, cheminées dans les montagnes, tours de rafraîchissement dans les déserts, persiennes dans les villes ensoleillées, préaux dans les lieux pluvieux, jalousies dans les intérieurs intimes, bow-windows dans les pays manquant de lumière. L'architecture peut être conçue comme un assemblage de dispositifs climatiques dont la liste fait partie de la mémoire collective et dont les variations sont sans fin : toiture, volet, cave, patio, galerie, terrasse, loggia, balcon, perron, marquise, auvent, store, vantelle, fenêtre, verrière, atrium, jardin d'hiver, portes, rideaux, cheminée, baldaquin, paravent, moustiquaire, tapis, tenture, etc.

    Tous ces dispositifs ont l'avantage d'avoir été conçus et développés de manière vernaculaire. Utilisés et améliorés pendant des siècles, leur conception s'est stabilisée. Ils condensent technicité, culture et usage et sont à la base des effets les plus puissants de l'architecture.

Tim McKenna
Photographie d'une cascade située à Tahiti Iti

Ombrière

Sous le tropique du Capricorne, le centre culturel de la Polynésie française à Papeete s'installe entre l'horizontalité de l'océan et la verticalité des montagnes. Ce projet élémentaire lie le soleil, la pluie et la terre.

Il est installé comme une zone d'ombre dans un jardin en prolongement du parc côtier. C'est une cocoteraie faite de longues cannelures qui forme une grande ombrière tamisant la lumière franche du soleil. Ouvertes vers le ciel, les cannelures récupèrent les pluies qui s'écoulent à travers les poteaux de la structure. Ce dispositif, alliant poteau et cannelure, fonctionne comme une plante qui s'ouvre au soleil et récupère l'eau qui s'écoule dans sa tige. L'ensemble est une canopée de métal, de bois et de verre.

Centre culturel de la Polynésie française, Papeete, Tahiti, 2017
Position géographique

Carte de situation

Maquette de la structure élémentaire

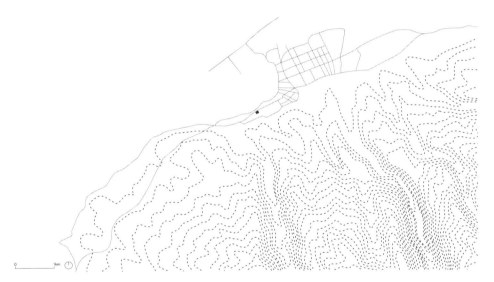

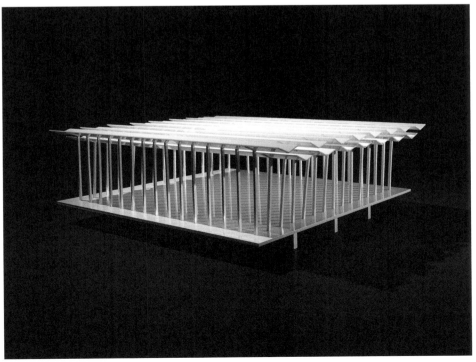

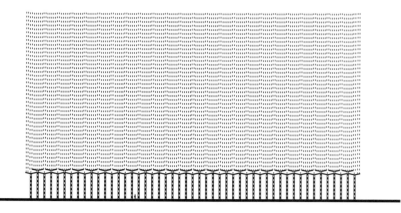

Centre culturel de la Polynésie française, Papeete
Schémas atmosphériques

Plan du centre

→ Vue de la façade principale

↘ Vue de la façade est

La multiplicité des poteaux forme un plan en pointillé. Tel l'habitat traditionnel, appelé *faré*, les espaces sont délimités par des alignements de troncs formant une structure primaire sur laquelle est tressée une vêture de feuilles. Ces espaces peuvent être intérieurs ou extérieurs, à l'ombre ou à la lumière. Ils constituent ainsi une variété de modulations climatiques propices aux différentes activités culturelles du site.

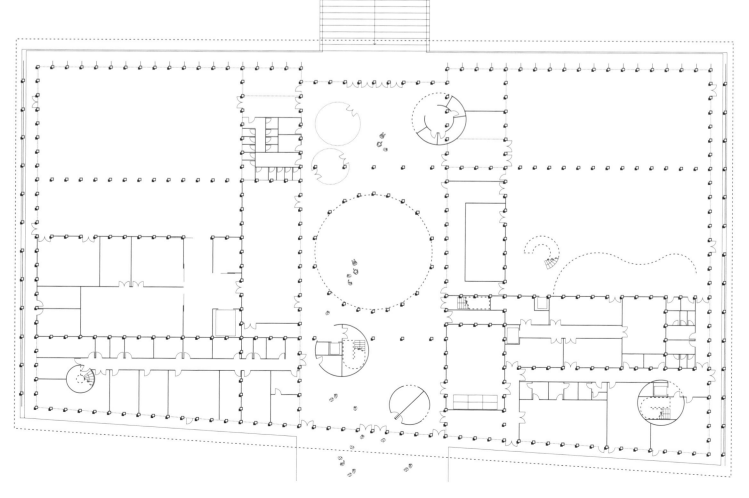

Immeuble de logements, Vitry-sur-Seine, France, 2019
Maquette de la structure élémentaire

Plan d'un étage courant

Balcons

Le balcon, excroissance nécessaire dans certaines situations comme en bord de mer, est devenu au XXe siècle un dispositif obligatoire pour satisfaire à la demande du logement contemporain, quel que soit le climat. Dans l'immeuble haussmannien, il était un court promontoire décoratif. Aujourd'hui, il est le substitut du jardin pavillonnaire qui manque aux appartements. Le balcon est un espace privé de jouissance extérieure, même s'il ne sert bien souvent que de débarras à ciel ouvert.

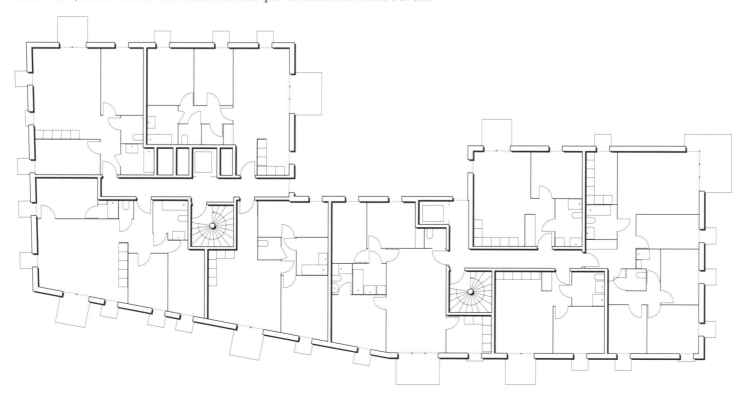

Dans ce projet de logements à Vitry-sur-Seine, chaque pièce est considérée comme un appartement prolongé par un promontoire extérieur. Ainsi, la structure proposée est une enveloppe de béton perforée d'une multitude de « languettes » exprimant la libre relation que chacun peut entretenir avec l'extérieur.

Immeuble de logements, Vitry-sur-Seine
Schéma du plan

Vue d'ensemble

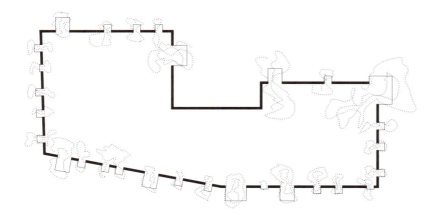

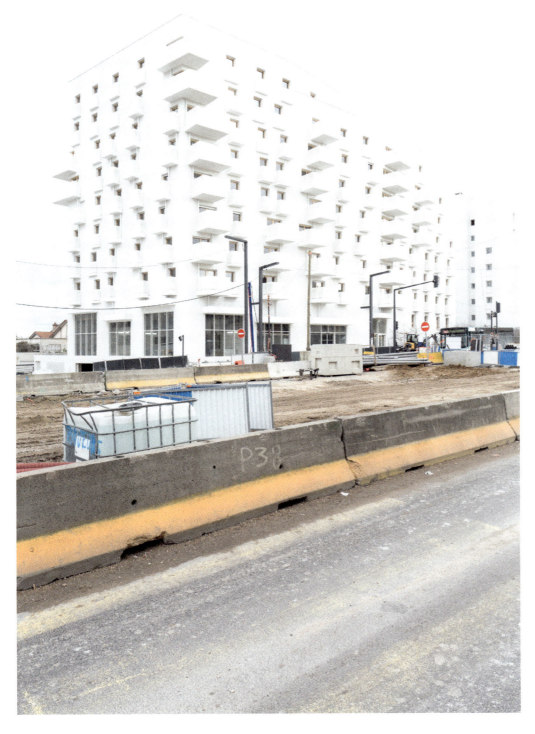

Immeuble de logements,
Vitry-sur-Seine
Vues sur
les balcons

Parc

115 m — 0 m

La position des humains par rapport à la nature a changé. Elle n'est plus envisageable comme une entité extérieure et idéale, prodiguant des matières premières à l'infini. Cette nature est mourante. L'effet de notre activité sur Terre via nos installations urbaines et industrielles a atteint une échelle globale. Il n'y a plus deux catégories opposables entre la ville et la campagne. Nous ne nous installons plus dans la nature, nous tentons juste de la préserver dans notre réseau urbain planétaire. La nature n'est plus un extérieur de la ville mais une partie intérieure d'une grande installation étendue à l'échelle du globe.

L'échelle à considérer a changé. L'étalement de la ville, non seulement l'habitat, mais aussi toutes les extensions nécessaires à son fonctionnement, routes, exploitations agricoles, infrastructures de production d'énergie, constituent la plus vaste installation jamais fabriquée. Ce phénomène a pris une telle ampleur au cours des derniers siècles que nous avons inversé notre rapport à notre milieu. Nous vivons finalement dans un parc planétaire dans lequel notre activité a pris un rôle prépondérant et que nous sommes tenus de maintenir.

Il faut penser une nouvelle union entre la culture et la nature, entre l'homme et son environnement. Pour cela, il s'agit de dépasser l'opposition « ville / campagne » des modernes. À leur époque, on concrétisait dans l'urbanisme le passage d'une économie rurale à une économie industrielle et centralisée près des villes. Il s'agit également de dépasser le rêve suburbain de « la ville à la campagne » promis par la prospérité industrielle où chacun pourrait, grâce à des salaires toujours en augmentation, acquérir une maison individuelle avec jardin. La solution ne se trouve pas non plus dans le culte technologique et publicitaire actuel qui vise à intégrer le végétal à l'architecture en imaginant « la campagne dans la ville ».

Nous sommes à présent à la recherche d'une relation d'interdépendance équilibrée entre ville et nature formant non plus une opposition mais une union. L'installation des humains sur Terre doit se concrétiser par un travail sur les liens qui font tenir les choses ensemble : le végétal et le construit, le climat et son évolution,

Armin Linke
Greenhouse, El Ejido, Espagne, 2013
Vue d'une serre d'agriculture hydroponique hors sol.

NASA et NOAA (National Oceanic and Atmospheric Administration), cartographie des zones végétales terrestres réalisée grâce au capteur VIIRS installé à bord du satellite Suomi NPP, avril 2012 – avril 2013

→ Pierre Huyghe
La Saison des Fêtes, 2010 (exécution 2016)
« La Saison des fêtes fut composée en 2010 pour le Palacio de Cristal du musée Reina Sofia de Madrid. Les célébrations religieuses ou profanes obéissent au rythme des saisons. Des végétaux les symbolisent, venant, partant, s'en retournant avec elles. Huyghe les prélève et en fait un calendrier circulaire : rose de Saint-Valentin en février, cerisier du hanami en mars, muguet du travail en mai, chrysanthème des morts en novembre, sapin de Noël en décembre... Un cercle, dont les rayons en rencontrant la circonférence dessinent les mois successifs, comprend en son sein chacune des plantes, rangée selon son ordre d'apparition. Cependant elles prolifèrent et se mêlent, les espaces symboliques se contaminent et se colonisent, le temps biologique ruine le temps historique. La nature redevient sauvage, se défaisant des catégories et partitions humaines. »
Joséphine Lanesem

l'atmosphère et sa composition. Il convient de dépasser progressivement l'échelle locale pour aller vers une prise en compte globale. Le morceau de Terre que nous avons aujourd'hui à considérer ne s'arrête plus aux limites de l'architecture, des parcelles, des zones administratives et des frontières mais il devient mondial. Intégrés à la nature, nous habitons aujourd'hui tous un même parc planétaire que nous avons créé et dont nous sommes l'un des constituants les plus influents.

Plantes

La catégorie des Terriens ne se limite pas aux humains. Les organismes non-humains comme les animaux, les plantes et les autres formes de vie qui peuplent l'atmosphère en font aussi partie. Parmi les Terriens, les plantes ont une position particulière, car elles sont à l'origine même de l'existence de la vie aérobie. Elles rejettent l'oxygène dont notre métabolisme dépend, transformant l'énergie solaire, les éléments minéraux et le gaz carbonique en vie. Les plantes sont à la source des nourritures terrestres qu'elles soient végétales ou animales (car eux-mêmes nourris par des végétaux). Les humains sont pour ainsi dire les hôtes des plantes. Celles-ci représentent 99 % de la biomasse terrestre. On pourrait même imaginer que nous sommes leurs parasites nécessaires, générant le gaz carbonique dont elles ont besoin.

     La relation que nous avons établie avec les plantes forme nos paysages, qu'il s'agisse de l'exploitation agricole, de la gestion des forêts, de la préservation de sites d'exception ou de l'ornementation de nos villes. Hors des métropoles denses et minérales, le végétal demeure un élément prépondérant et structurant majeur de l'espace. Dans l'environnement suburbain, les végétaux s'étendent jusqu'aux limites des parcelles. Ils en marquent les limites et donnent à chaque propriété son caractère. Les plantes sont à intégrer à la conception architecturale. Développer un bâtiment sans penser l'interaction avec

les végétaux, c'est perpétuer cette scission moderne entre le culturel et le naturel, entre le bâti et la flore. Aujourd'hui, nous devons apprendre à aménager un projet en unifiant le construit et le végétal pour former une installation terrestre inclusive. Le végétal ne se limite pas à un décor.

Cour

Cet ensemble de bureaux à Nuremberg pour Adidas est conçu pour accueillir la branche créative du groupe. Sur ce site en pieds de colline et en frange de forêt, le projet s'installe de manière à profiter de la présence des arbres. Le bâtiment est constitué de plateaux

Dane Mitchell
Hiding in plain sight, 2017
Acier galvanisé, acier doux, plastique, transmetteur FM, composants électriques, câbles électriques et panneaux solaires
Vue de l'installation, Connell's Bay Sculpture Park, Waiheke Island
L'installation se présente sous la forme d'un pin artificiel, une espèce nuisible que le Parc de Conell's Bay s'est efforcé d'éradiquer. Elle cache un émetteur radio semblable aux relais pour téléphone portable. Faussement camouflée dans l'environnement, la sculpture perturbe la perception de la nature. L'arbre transmet un signal radio FM à travers le parc pouvant être capté par les visiteurs. La sculpture rend visibles les ondes invisibles tout en perturbant la perception des catégories entre le vivant et l'artificiel.

Siège d'Adidas, Herzogenaurach, Allemagne, 2014
Vue sur l'entrée

Maquette

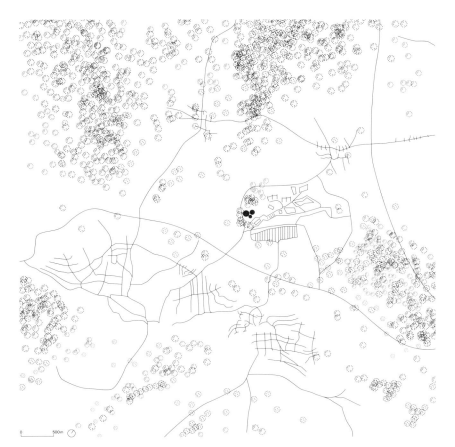

Siège d'Adidas, Herzogenaurach
Carte de situation

Plan d'un plateau de bureaux

de bureaux enroulés formant trois anneaux de diamètres et d'épaisseurs différents (12, 15 et 18 m). Ces trois typologies de bureaux sont connectées pour créer un couloir infini et sans cul-de-sac, invitant à la mobilité et à la sérendipité. Ce projet organise une géographie d'ambiances et de climats apte à provoquer les rencontres, accroître les échanges et stimuler la créativité.

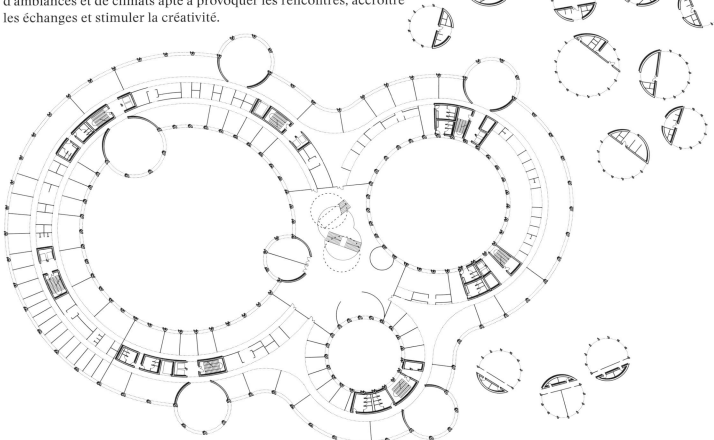

Le corps principal de bureau regroupe les fonctions majeures, tandis que de petites équipes de recherche trouvent une indépendance créative dans des pavillons installés dans les bois. C'est en jouant de ces rapports d'échelle et d'ambiance qu'est stimulée l'innovation.

 Le bâtiment est tempéré naturellement par l'air de la terre. Un puits canadien fait circuler l'air extérieur sous les fondations avant qu'il ne pénètre dans la structure par un système de poteaux creux pour y être diffusé. On travaille entre les arbres dans l'oxygène de la forêt pour alimenter nos cerveaux en air frais.

Cœur d'îlot

Crèche, Paris, France, 2016
Schéma sur plan

Philipp Franz von Siebold et Joseph Gerhard Zuccarini
Ginkgo (Salisburia adianthifolia), 1870

La crèche de la rue Haxo, à Paris, s'implante dans un ensemble urbain complexe où se juxtaposent plusieurs époques d'urbanisme. Sur la rue, les immeubles traditionnels du XIXe siècle côtoient des constructions du début du XXe avec des ensembles modernes

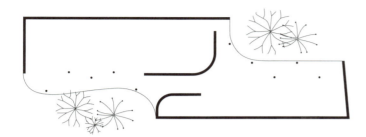

construits après-guerre. La future crèche est pensée comme un cœur d'îlot qui s'installe entre les arbres et crée des liens avec ses voisins. L'enceinte en béton de la crèche protège les enfants et intègre deux jardins, comme une homothétie à l'échelle du bâtiment du cœur d'îlot.

Crèche, Paris
Vue du jardin d'entrée

Maquette de la structure élémentaire

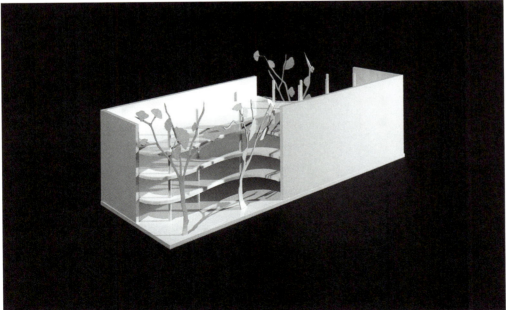

Constituant un paysage végétal, les arbres font fonction de filtre vis-à-vis du voisinage. Les ginkgos, selon les saisons, influencent l'ambiance intérieure. En été, les feuilles vertes tamisent la lumière du matin et apportent un peu de fraîcheur par évapotranspiration.

En hiver, la lumière passe à travers les branches nues jusque dans les espaces de jeux. En automne, les espaces intérieurs se teintent de jaune. Les arbres apportent aux enfants un paysage mouvant, à la lumière changeante, aux bruits et aux odeurs variant avec les saisons.

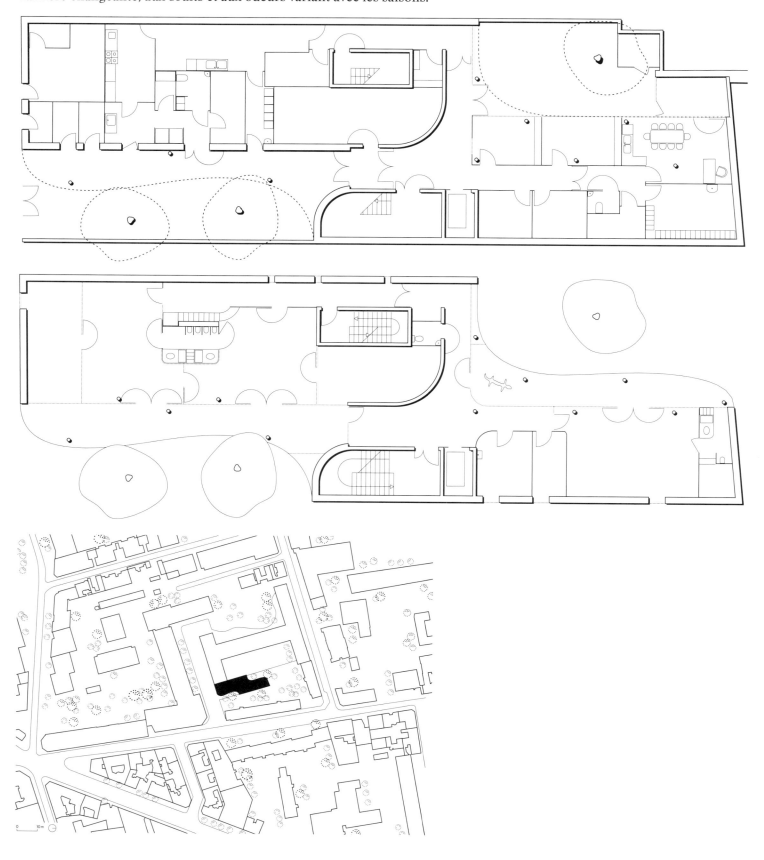

Pavillon

Le pavillon comme figure architecturale caractérise notre relation à l'environnement naturel. Initialement, le pavillon est la tente d'un seigneur en campagne. C'est une construction légère qui génère un confort temporaire pendant les voyages. Aujourd'hui le pavillon est le nom donné aux maisons individuelles proliférant autour des villes depuis le milieu du XXe siècle. Le pavillon est un lieu d'exceptionnalité dédié à des activités temporaires comme une exposition.

Le pavillon est aussi une construction élémentaire installée dans les jardins pour prodiguer de l'ombre, protéger de la pluie et profiter du paysage. Il peut être thérapeutique comme dans un ensemble hospitalier, thermal comme dans un équipement balnéaire ou scénographique comme dans une manifestation culturelle. Un pavillon est une exception climatique qui vise à produire un effet physiologique.

Le pavillon est une structure installée dans un environnement à forte présence végétale qui vise à créer les conditions d'une activité spécifique à la fois en exception et en relation avec son contexte. C'est une installation architecturale qui se réduit à une construction élémentaire combinant plusieurs dispositifs climatiques : casquettes, marquises, vitraux, brise-soleil, parois vitrées, ventelles ou éclairages scéniques.

← Crèche, Paris
Plans du 1er étage et du rez-de-chaussée

↙ Carte de situation

Le Pavillon des Eaux, 1904-1906, conçu par Joachim Richard

Doug Aitken
Sonic Pavilion, Institut Inhotim, Brésil, 2009
Installation sonore propre à son site, pavillon de verre et acier, tube en plastique revêtu, puits tubulaire de 202 mètres de profondeur, microphones et amplificateur de son. L'installation repose sur le forage d'un puits de 200 m afin d'installer un ensemble de microphones pour capter les sons de la terre, sons telluriques, bruits chtoniens ou échos des mines d'alentour. Le signal est ensuite amplifié, égalisé et joué en temps réel pour se mélanger à l'expérience de l'espace environnant.

Théâtre Théo Argence, Saint-Priest, France, 2016
Rehabilitation et extension
Vue du hall

Vue de la façade principale

La figure architecturale du pavillon est à interroger en ce début de siècle, car elle formalise un positionnement anthropologique par rapport à notre milieu. Dans les parcs, il se réduisait autrefois à une simple toiture suspendue au-dessus d'un promontoire, aujourd'hui il devient un petit équipement en verre et en métal, climatisé et raccordé aux réseaux où l'on sert des produits de grande consommation. Il est à l'image de notre habitat terrien et prospère, toujours plus confortable, connecté et coupé de son milieu.

Théâtre Théo
Argence, Saint-Priest
Schéma atmosphérique

Maquette d'une
colonne lumineuse

Place

Ce projet à Saint-Priest, près de Lyon, est la réhabilitation d'un théâtre originalement construit en 1934 dans le style avant-gardiste de l'époque, le style Art déco. Le nouveau projet architectural reprend les grands principes de ce style précurseur du modernisme et le réinterprète pour créer une architecture atmosphérique jouant des lumières naturelles et artificielles. Quatre grands poteaux en corolle portent des auvents en pavés de verre qui tamisent la lumière du soleil et s'éclairent comme des lustres le soir venu. Ces poteaux, par leurs cannelures et leur corolle, font écho aux arbres de la place. En orientant la nouvelle entrée sur le parking actuel, c'est une place qui prend forme et qui est instituée comme un lieu majeur de la ville. Le théâtre est un pavillon lumineux qui crée une nouvelle perspective à Saint-Priest.

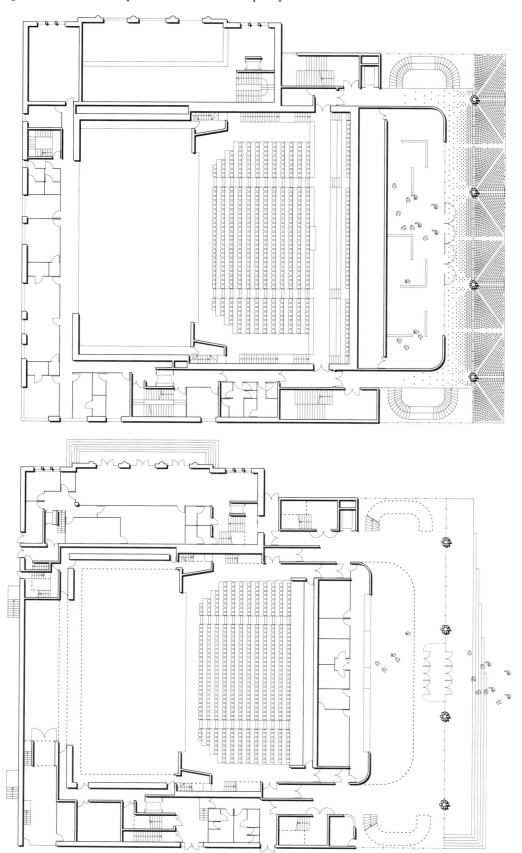

Théâtre Théo Argence, Saint-Priest
Plans du 1er étage et du rez-de-chaussée

Suburbain

La ville vernaculaire du XXe siècle est suburbaine. C'est l'utopie réalisée de la prospérité. C'est la ville centre qui s'est satellisée dans les champs périphériques formant un vaste terrain vague parcouru par des réseaux aux intensités variables dont les terminaux sont des cellules autonomes. Sur un fond de campagne, cette organisation regroupe des infrastructures à l'échelle territoriale et des parcs thématisés. Il y a deux catégories de composants étalés sur un fond végétal ; d'une part des autoroutes, des routes, des câbles, des voies de chemin de fer, des antennes, des tuyaux ; et d'autre part des lotissements, des ensembles industriels, des centres commerciaux, des parcs de loisirs. La structure fondamentale de l'environnement suburbain se constitue ainsi de parcs et de réseaux.

Les parcs sont des entités autocentrées qui combinent paysage naturel et constructions. Ils s'étendent sur la totalité d'une propriété foncière dont les limites sont marquées par des dispositifs de ségrégation comme des haies plantées, des grillages, des barrières ou des murs. Les parcs sont des points d'exacerbation thématique : les maisons y sont des petits châteaux entourés d'un jardin, les parcs d'activités des lieux de travail de haute technologie, les zones industrielles des lieux sécurisés et parfaitement conformes aux normes internationales ; les parcs de loisirs y sont des espaces entièrement décorés pour simuler une réalité imaginaire, les villages de vacances des pastiches d'habitations traditionnelles aménagées comme des hôtels internationaux, etc.

Ed Ruscha
*Good Year Tires,
6610 Laurel Canyon,
North Hollywood,
Californie*, 1967

Les parcs ne cherchent pas à s'intégrer dans le site ou dans un ordre commun plus grand, comme le ferait un immeuble dans une ville dense. Ils se vivent de l'intérieur et sont ajoutés comme des terminaux ou des nœuds supplémentaires à un réseau. Les parcs se conçoivent comme des mondes autonomes.

Ed Ruscha
Union, Needles, Californie, 1962

Andrew Cross
I-75, Exit 69/SR 40, Florida, 2003

La suburbanité n'est plus seulement une forme urbaine, c'est un mode de vie extensif qui se propage à mesure que se déploie la portée des réseaux. Partout où l'on peut accéder en voiture, partout où l'on peut téléphoner, on est dans la suburbanité. Si bien que dans la ville suburbaine les noms de rue semblent avoir disparu. Pour trouver un lieu, il suffit de suivre les directions qui vous mènent au lieu recherché par une suite d'embranchements. Le maillage systématique de la ville traditionnelle a été remplacé par une arborescence opportuniste. Le paysage routier est ponctué à chaque intersection d'un panneau indiquant plusieurs directions. Aussi peu organisé que puisse paraître ce système de repérage, il n'y a, dans cet environnement, plus vraiment besoin de carte. Une destination se trouve par itération après une succession de bifurcations de plus en plus précises.

L'environnement suburbain des parcs en réseaux sépare les deux fonctions d'habiter et de se déplacer pour glisser entre elles végétation et espaces vacants. Dans le suburbain, les éléments sont posés sans réel schéma directeur préalable. Le vide ou la nature restent comme des déchets spatiaux encore inexploités témoignant qu'avant, à cet endroit, on considérait qu'il n'y avait que de la nature sauvage prête à être colonisée.

Installation

La mise en place et la combinaison de différents dispositifs climatiques et architecturaux constituent une installation. Cette notion d'installation est intrinsèque à l'architecture. On parle d'ailleurs d'installation de chantier, d'installation électrique, d'installation de chauffage ou d'installation de plomberie. À chaque fois, il s'agit d'organiser un dispositif matériel dans le but de générer un effet et permettre des activités spécifiques. Concevoir l'architecture comme une installation, c'est l'imaginer comme une forme dont la logique structurelle, constructive, climatique et fonctionnelle vise à produire des effets entrant en interaction avec l'environnement.

Une tente indienne d'Amérique du Nord est exemplaire d'une installation. C'est un dispositif climatique visant à exploiter le feu. La tente, si elle est un dispositif de protection des pluies et du vent, est aussi et surtout une cheminée réglable en pieds et en tête. À l'intérieur les activités s'organisent en fonction de la proximité et de l'éloignement au foyer. Ce dispositif climatique est également un tissage culturel qui vise à lier la terre et le ciel. Les troncs d'arbres qui constituent la structure sont plantés au sol et sont noués dans le ciel. Le bois de chauffage produit par la terre s'élève dans l'air par le sommet ouvert de la tente lors de la combustion.

L'installation légère de la tente est elle-même indissociable d'un mode de vie lié au milieu. Les Indiens sont nomades et se déplacent pour s'installer dans différents climats en fonction des saisons afin de ne pas surexploiter les zones où ils chassent et font paître leurs bêtes.

John C.H. Grabill
A young Oglala girl sitting in front of a tipi with a puppy by her side, probably on or near the Pine Ridge Indian Reservation, 1891

Pierre Huyghe
L'Expédition Scintillante, Acte 2 (spectacle de lumière), 2002

Salle de musiques actuelles, La Roche-sur-Yon, France, 2017
Maquette de la structure élémentaire

La notion d'installation renvoie également aux productions d'art contemporain dont le principe repose sur une interaction avec le milieu dans lequel elles prennent place. Cette interaction peut se faire avec l'espace d'exposition, les spectateurs, le climat, la perception, les autres œuvres ou les institutions. Au XXe siècle les artistes sont sortis du cadre des disciplines traditionnelles comme la peinture ou la sculpture pour investir l'espace, puis l'interaction avec le spectateur et le lieu d'exposition. Une installation est une œuvre dont le matériau est l'environnement qui la contient. C'est un principe formel pour concevoir une architecture comme environnement.

Parking

Le projet de la Roche-sur-Yon se trouve sur une parcelle au bout d'un parking et en bord de voie ferrée. Dans cet environnement de terrain vague, il s'agit d'instituer comme espace commun une zone jusqu'alors délaissée. Le bâtiment est conçu par la mise en scène

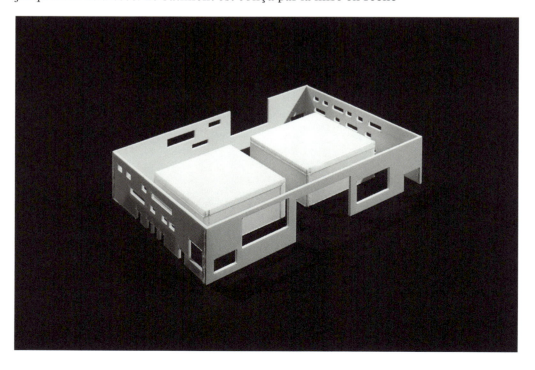

Salle de musiques actuelles,
La Roche-sur-Yon
Schéma atmosphérique

Carte de situation

de plans successifs, d'abord l'appréhension du paysage depuis le parking, puis les cadrages sur les activités intérieures soulignés par des néons et enfin l'enchaînement des différentes couches spatiales qui conduisent aux salles. On rentre dans le bâtiment en plongeant de manière progressive jusqu'à l'obscurité des salles de spectacle. À l'extérieur le volume est blanc pour s'accorder avec les constructions environnantes. Dans l'entre-deux du patio et des circulations, c'est le gris qui expose la neutralité matérielle du béton. Enfin, l'intérieur est noir pour accueillir les mises en scène des projecteurs.

Le projet est conçu comme un support pour permettre aux spectacles de s'exprimer. Au centre de la façade un grand encadrement permet d'installer une toile de cinéma et de transformer le parking en drive-in ou d'accueillir des concerts pour un festival en plein air. Les espaces inscrits dans cette boîte de béton sont différenciés pour permettre à chaque activité de trouver sa place : patio devant le bar, promontoire sur le parking, patio en face de la grande salle, emmarchement pouvant faire gradin, hall longitudinal en rez-de-chaussée, galerie ponctuée d'alcôves au premier étage et terrasse sur le toit. Ces dispositifs de mise en scène permettront au bâtiment de générer un rayonnement au-delà de sa forme architecturale. Le hangar décoré en bout de parking n'est plus celui des commerçants mais celui des artistes. Ce n'est plus une boîte introvertie sur sa fonction mais un lieu entre intérieur et extérieur à s'approprier.

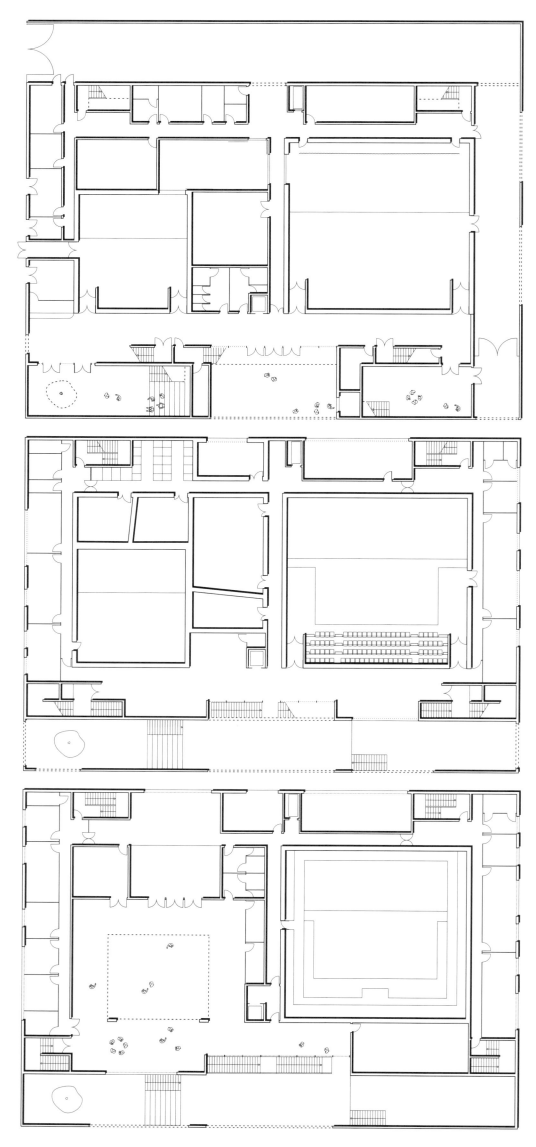

Salle de musiques actuelles,
La Roche-sur-Yon
Plans des 2ᵉ et 1ᵉʳ étage
et du rez-de-chaussée

→ Vue de la façade principale

Vide

La question du vide est un fondement paradigmatique de la conception architecturale. Le vide ne se réduit pas au rien, au néant ou au non-plein. Le vide n'est pas seulement absence. Le vide ne représente pas seulement le « non-être », le néant d'une métaphysique occidentale. Le vide peut être fonctionnel, demander à être rempli, permettre le passage de l'effet. Il s'agit alors d'un vide efficient. Le vide c'est ce qui rend possible, comme un bol dont le creux est le potentiel. Un bol ne prend son sens efficient que parce qu'il peut se remplir et se vider de son contenu.

Le vide est donc le préalable. Le vide n'est pas l'espace moderne et sculptural. Il est, à la manière asiatique, ce qui accueille, ce qui permet l'action. Ainsi, que ce soit dans la conception urbaine ou architecturale, le construit est installé pour former par le vide le creuset de l'activité. Par exemple, un percement dans un mur permet à la lumière de rentrer dans la pièce et instaurer une relation avec l'extérieur. Le vide rend habitable, il permet et induit nos actions. Le vide est ce qui maintient le réel en cours. Il est ce qui permet au plein de s'affirmer et de respirer. Il maintient animé, il permet les processus. C'est dans le milieu vacant, laissé ouvert, que se tissent les relations. C'est dans le vide que le corps peut se mouvoir.

Le vide peut être un silence en musique, non pas celui de la fin d'un morceau, mais celui qui se glisse au milieu. Le silence qui se conquiert lentement, qui fait désirer le son, qui contraste avec la violence, qui fait que les percussions donnent le rythme en le ponctuant. Le vide efficient peut aussi s'exprimer en peinture. Les tableaux inachevés sont souvent troublants. Ils suscitent une interrogation permanente entre ce qui semble terminé et ce qui ne l'est pas, mais dont on décèle les traces. Le vide laisse la place à la supposition et à l'imagination. Le vide peut aussi être l'expression de l'énergie qui se déploie comme dans la chambre de combustion dans un moteur où l'extension dilate le vide mettant la matière, le piston, en mouvement.

Le vide efficient est capable et consistant. Il tire son effet de l'opposition au plein dans un équilibre dynamique. Le vide permet à l'action d'advenir.

John Cage
4'33": pour tout instrument ou combinaison d'instruments, 1960
Note de Cage : *Le titre de cette œuvre est la durée totale en minutes et en secondes de la performance à Woodstock le 29 août 1952. Intitulée 4'33", la performance a été réalisée en trois parties des durées suivantes 33 s, 2 min 40 s et 1 min 20 s. Elle a été exécutée par le pianiste David Tudor, qui a indiqué le début des parties en fermant le couvercle du clavier et la fin des parties en l'ouvrant. Cependant, la pièce peut être exécutée par n'importe quel instrumentiste ou combinaison d'instrumentistes et durer n'importe quelle durée.*
Note ajoutée à la main par John Cage :
Après la représentation de Woodstock, une copie en format proportionnel a été réalisée pour Irwin Kremen. Le mouvement y était composé de 30 s, 2 min 23 s et de 1 min 40 s.

Akihiro Nikaido
Céramique japonaise tournée

Immeuble de
logements, Nantes,
France, 2019
Vue du chantier

Façades

Le projet de logements à Nantes est une installation urbaine, il ne se comprend que dans son contexte. Les deux façades principales du bâtiment présentent des dispositions très différentes : l'une donne sur la rue, d'aspect calme, régulier et tramé ; l'autre s'ouvre sur un grand vide urbain où circule de temps en temps des automates géants spectaculaires. À la manière de Janus, le bloc de béton blanc montre différentes faces en fonction des situations. Sur les rues, les façades sont dessinées de manière rigoureuse et classique pour participer à la mise en forme de l'espace public. Du côté ouvert, les balcons du projet réagissent avec l'environnement et avec le contexte immédiat.

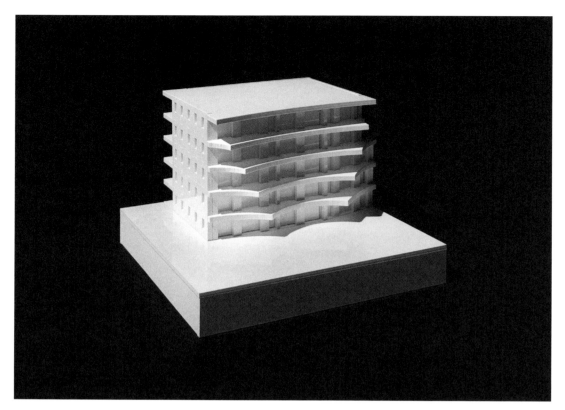

Immeuble de logements, Nantes
Maquette de la structure élémentaire

Plan d'un étage courant

Plan de situation

Aux étages bas, une découpe en trois courbes vient envelopper les corolles des arbres plantés sur la terrasse et constituer de petites alcôves autour des espaces verts. Lorsqu'on s'élève, les courbes des balcons s'élargissent pour n'en former qu'une et réagir au grand paysage ouvert vers la Loire.

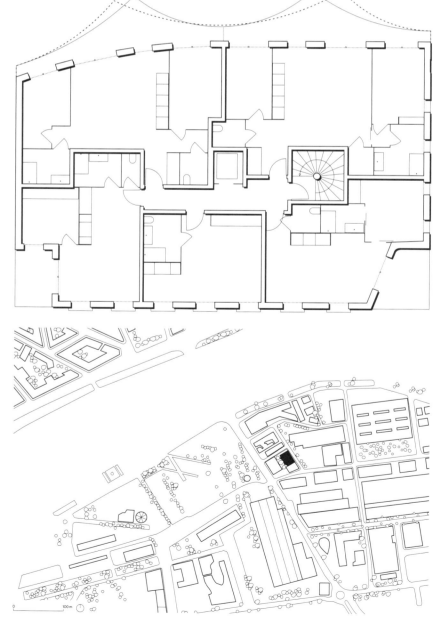

Terriens

4m — 0m

Dans notre culture occidentale, les humains se considèrent comme une espèce exceptionnelle qui serait hors de la nature. Nous envisageons notre environnement comme une ressource ou une contrainte, mais certainement pas comme une partie de notre propre corps. L'air ou l'eau sont par exemple nos premières substances vitales communes, mais nous pensons pouvoir les manipuler sans que cela ne nous affecte. C'est pourtant le même air qui circule dans notre corps, dans celui des plantes ou des animaux, dans nos machines et dans toute l'atmosphère. Il en va de même pour l'eau. Elle est partie intégrante de tous les organismes terriens. Elle circule dans notre corps. Elle s'évapore dans l'atmosphère. Elle forme les nuages, la pluie et les cours d'eau. Mais elle circule aussi dans nos fabrications industrielles, dans nos réseaux d'alimentation et d'épuration. L'eau est pour l'organisme Terre ce qu'est le sang pour notre corps.

Alexandra Arènes
Cartogénèse du territoire de Belval, 2016

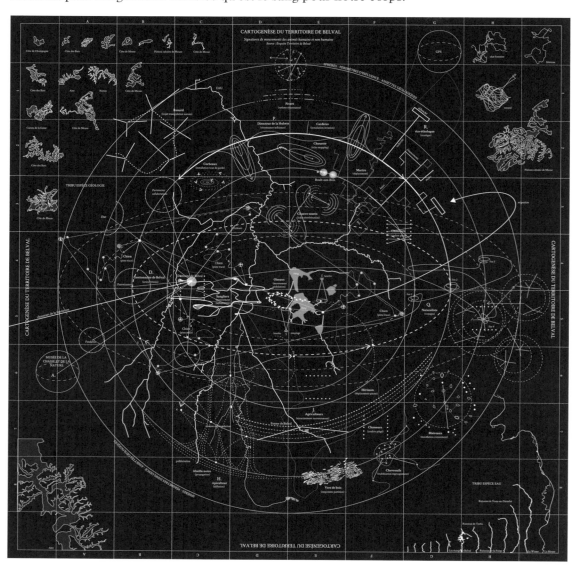

De même, notre espèce s'exclut de la catégorie des objets que nous fabriquons. Nous les considérons comme purement serviles. Cependant, nous pouvons constater que les objets s'imposent à nous dans nos activités quotidiennes. Ils exigent un maniement convenable pour fonctionner. Il faut les entretenir. Nous les faisons même communiquer entre eux. Nos voitures partagent notre atmosphère en brûlant l'oxygène et en recrachant des gaz de combustion. Nos montres organisent une large part de notre société. Nos objets connectés échangent entre eux et avec nous pour participer à la plupart de nos activités.

    Alors comment appeler toutes ces choses, vivantes ou pas, qui peuplent notre planète et interagissent dans l'atmosphère ? Qu'ont-ils fondamentalement en commun ? Si l'on ne définit pas les espèces par leurs différences mais par leurs points communs, il devient évident que ce que nous partageons entre les humains, les animaux, les plantes et les objets est l'atmosphère, l'eau et la terre. Le plus simple consiste à considérer que tous ceux qui vivent dans l'écosystème de la planète et habitent l'atmosphère sont des Terriens interagissant entre eux et avec la Terre pour habitat.

Hicham Berrada
74 803 jours,
exposition, Abbaye
de Maubuisson, 2018
Sculpture de bronze,
aquarium, projecteur
L'œuvre est un
aquarium de très
grande taille, dans
lequel sont plongées
deux concrétions
artificielles de bronze
soumises à une
électrolyse. Celle-ci
« influe sur la corrosion
du couple de bronzes
qui lient alors leurs
destins en devenant
l'un pour l'autre
masse et martyr,
selon l'expression
consacrée en physique. »
(Aude Wyart)
Par l'effet de la
circulation des
électrons de l'une
à l'autre, la concrétion
dite « martyr » se
dégrade lentement,
tandis que celle dite
« masse » s'enrichit.
De légères fumerolles
qui troublent le
liquide accompagnent
le phénomène. Sans
l'accélération par
l'électrolyse, le résultat
obtenu au bout de
6 mois passés dans
l'abbaye aurait nécessité
environ 204 ans,
soit les 74 803 jours
qui donnent son titre
à l'exposition.

Interactions

Ce qui caractérise un environnement, au-delà de ses composants, ce sont les interdépendances entre ses constituants qui en font un complexe dynamique et vivant. C'est dans les interactions que se développe la vie. Concevoir une architecture qui agit avec son milieu, c'est penser la durée, la modification, la transformation et l'évolution. L'interaction est une dynamique en équilibre instable. Qu'elle concerne des composants chimiques, organiques, physiques, culturels ou sociaux, elle induit des changements d'état permanents dans un environnement. Elle permet de conserver un équilibre ou à certains moments d'engendrer un déséquilibre qui conduit à une rupture et à une transformation. C'est par l'interaction que l'environnement et ses composants évoluent.

    Les interactions ont lieu de manière indissociables entre ce que nous considérons comme culturel et humain et ce que nous considérons comme naturel et non humain. Les échanges sociaux sont liés aux atmosphères des lieux. Les espaces sont régulés climatiquement selon une intention d'usages et de jeux de réactions. Pour illustrer, si l'on prend deux types de lieux d'eau, on sent bien que les échanges entre les personnes ne seront pas les mêmes dans l'ambiance feutrée d'un hammam que dans l'atmosphère sanitaire d'une piscine publique. Si l'environnement influe sur les liens sociaux par l'intermédiaire de l'ambiance et des corps, alors l'architecture en tant que modulation atmosphérique a également un effet sur les échanges entre les habitants. L'architecture, par les conditions qu'elle impose, intervient comme un acteur dans les relations entre les gens. Elle incite, permet ou interdit. Interagissant dans les relations sociales, l'architecture est une politique appliquée. Ainsi, les murs sont construits pour modifier l'espace social en filtrant de manière sélective les accès. De même, l'isolation thermique ou les centrales de traitement d'air modifient le confort intérieur en fonction des utilisateurs concernés. Accès et confort sont des enjeux primordiaux pour l'architecture, car ce sont là ses moyens pour agir sur la vie des gens.

    L'environnement architectural interagit avec nos activités et c'est pour cela que nous le modifions sans cesse pour trouver une adaptation commune. Lorsque l'on déménage, on cherche une architecture dont l'atmosphère, l'ambiance, les qualités climatiques sembleront le plus adaptées à notre manière de vivre.

Lors de l'emménagement, on adaptera encore les lieux selon nos intentions d'usage et d'ambiance. Aussi idéal que soit le logement que l'on a trouvé, il y aura ensuite un temps d'adaptation avant de pouvoir y retrouver de nouvelles habitudes. L'architecture est modifiée pour s'adapter à nos activités et en retour nous ajustons nos habitudes pour s'adapter à elle. C'est par ces interactions avec notre environnement que la vie se perpétue.

Immeuble de logements, Paris, France, 2017
Vue d'ensemble

En architecture, si l'on considère que les interactions sont premières, alors les solutions optimales et finales n'existent plus. Il n'y a plus que des moments de plus ou moins bonne adéquation entre les composants d'un environnement. Tout acte architectural devient alors un moyen d'intervenir dans les jeux d'interactions pour modifier un environnement. L'architecture n'est pas autonome.

Social

L'environnement est un enjeu social majeur. Dans notre quotidien, tout ce qui interagit avec nos activités soulève des questions d'aménagement des espaces pour mieux les adapter, les rendre plus confortables, plus économes ou plus justes. Définir ensemble l'aménagement des lieux de vie est un sujet de politique appliquée.

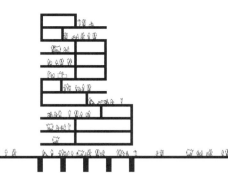

Immeuble de logements, Paris
Schéma des activités

Maquette de la structure élémentaire

L'organisation sociale par l'aménagement se fait essentiellement par des murs en architecture et géographiquement en urbanisme. La répartition spatiale des villes est un exemple marquant de cette distribution sociale gérée par des murs puis par la distance. Ainsi dans les anciens immeubles parisiens, les personnes les plus riches habitaient les étages bas pour s'économiser l'effort de monter les escaliers. Aujourd'hui, l'ascenseur a permis aux plus aisés d'habiter à la lumière et avec de la vue dans les étages supérieurs. Depuis l'après-guerre, c'est la voiture qui a eu l'effet de l'ascenseur sur le territoire. La mixité des différentes catégories de population ne se fait plus verticalement dans un même quartier mais par délocalisation territoriale horizontale.

    Cette répartition géographique entraîne la formation de quartiers socialement homogènes. Par le déplacement des catégories de résidents, l'aménagement devient un important formateur culturel. Lorsqu'on habite dans un quartier bien organisé avec un souci sanitaire important, des équipements scolaires à proximité et différents services, le mode de vie est facilité. On tombe moins souvent malade, on se cultive plus facilement et on gagne du temps. L'aménagement, c'est la poursuite de la politique par les moyens environnementaux. C'est la construction au sens concret de l'organisation sociale.

    L'aménagement a donc un effet social concret, il a un pouvoir formateur. Il facilite certaines actions et en limite d'autres. Il influence les habitudes. C'est un acteur social et culturel. Ainsi, une architecture ou un urbanisme pensé comme un environnement va s'intégrer dans un enchaînement d'interaction dont il sera un acteur actif.

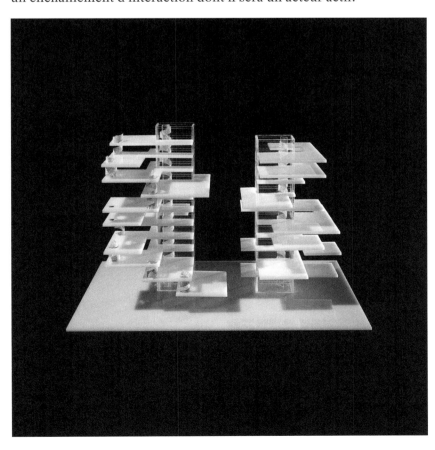

Les habitants vont l'adopter en s'y adaptant. Dans ce mouvement, ils vont le transformer en l'accommodant à leurs activités. Les interactions entre habitants et environnements permettent d'engendrer ainsi une évolution mutuelle et conjointe.

Immeuble de logements, Paris
Carte de situation

Plan d'un étage courant

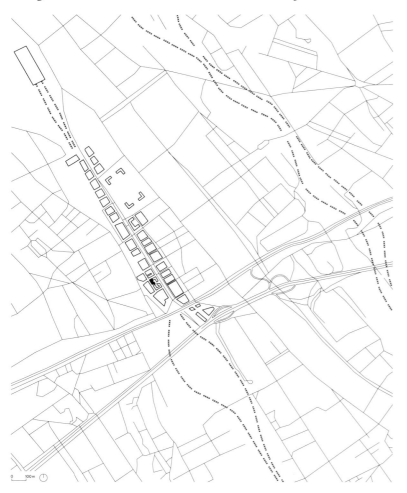

Loggia

En ce début de XXIe siècle, les modes d'habiter évoluent. À la recherche de plus d'échanges sociaux, les jeunes générations recherchent des logements où le partage est au cœur de l'organisation. La colocation devient un nouveau sujet pour l'architecture du logement. L'enjeu est économique et social. On partage des espaces et des services pour mutualiser leurs coûts. Les séjours, les cuisines et les espaces de création sont ainsi plus grands et mieux équipés.

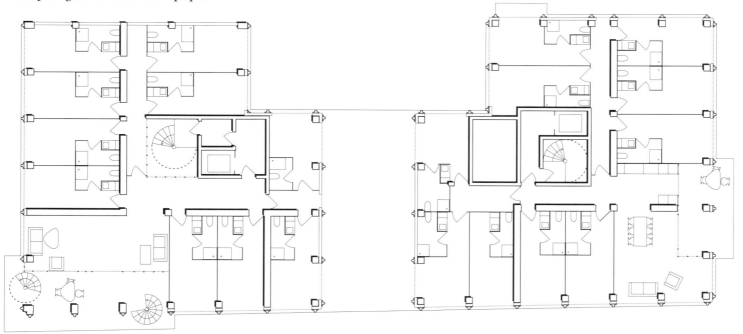

Les communs sont des espaces d'intense convivialité tandis que les appartements individuels sont optimisés pour offrir un maximum de confort individualisé pour un loyer ajusté. Les balcons qui prolongent les espaces communs vers l'extérieur ponctuent les façades de la rue au toit. Sur l'immeuble de l'angle de la rue, les balcons, pensés comme des espaces non pas privatifs mais communs, sont reliés par des escaliers permettant de passer de terrasse en terrasse.

Immeuble de logements, Paris
Axonométrie des espaces partagés

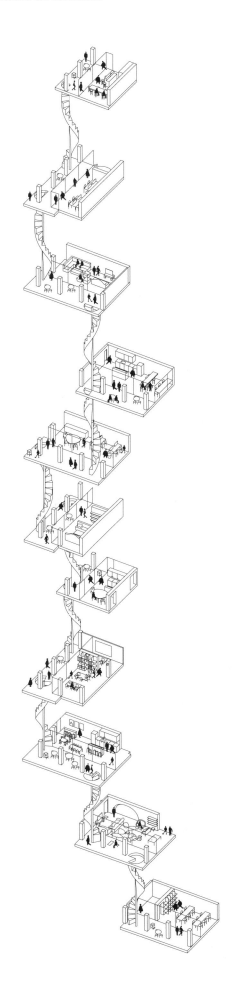

Le projet est conçu comme une grande charpente s'élevant sur onze étages. Cet immeuble est construit en bois et habillé de céramique. Le profil des capotages exprime par une nervure longitudinale la rigidité de la charpente. Cette modénature forme également un cadre qui met en scène les vies qui se déroulent dans chaque appartement. Cette construction évoque les immeubles américains à ossature ou les grands ateliers industriels. Sa conception tramée le rend recyclable, adaptable et résilient. Aujourd'hui c'est un immeuble de logement en co-living, demain ce sera peut-être un immeuble mixte d'habitat et de bureau, un hôtel ou une pépinière d'entreprises.

Fenêtres

Au début de l'étude de ce projet de crèche et de logement, les enfants étaient implantés en rez-de-chaussée sur la rue Mousset-Robert. Les espaces intérieurs sur rue devaient être protégés des vues extérieures par du verre opalescent. La crèche s'organisait autour de petites cours orientées au nord, encaissées en pied d'immeuble et protégées des chutes d'objets par des filets. Cette configuration particulièrement inadaptée, où la gestion de l'accidentel et de l'exception devient une contrainte au quotidien imposée tant aux usagers de la crèche qu'au passant dans la ville, est symptomatique d'une accumulation de dispositifs prévus contre le risque. Pour la réponse au concours, nous avons donc pris la liberté de retourner l'immeuble, en ouvrant les cours sur la rue et en installant les enfants sur le toit, à l'air libre et à la lumière. Ainsi, les petits profitent de vastes terrasses et les voisins surplombent une toiture habitée.

Dans l'urbanisme très dense de Paris, le positionnement des fenêtres est le principal moyen de gestion de l'intimité et de la relation à l'environnement extérieur. Le libre pliage de la façade permet

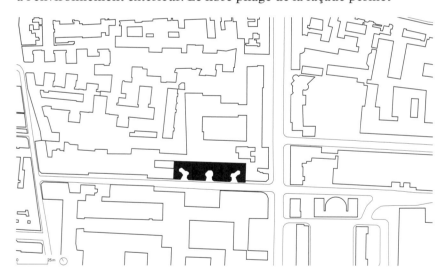

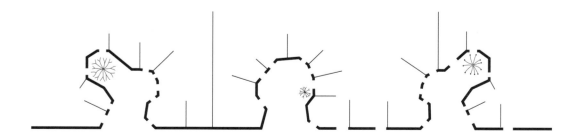

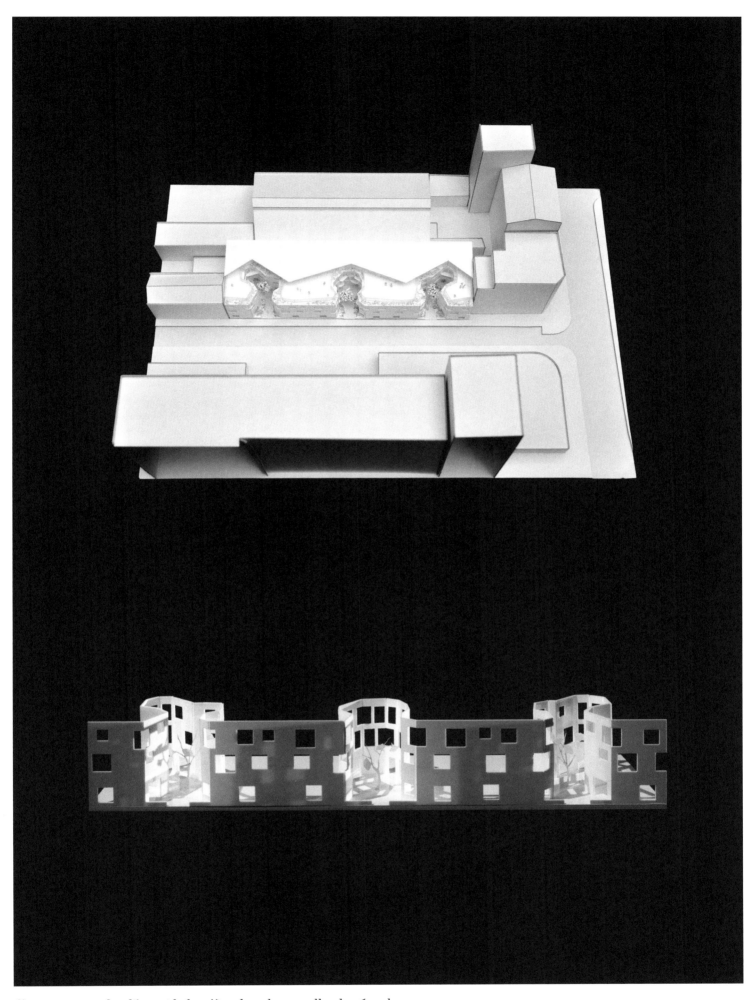

d'emmener profondément la lumière dans la parcelle, de gérer les vis-à-vis et de proposer des vues biaises offrant plusieurs orientations à tous les logements. L'aménagement intérieur prolonge les plis de la façade pour générer des espaces atypiques créant un environnement d'habitat plus complexe qu'à l'habitude. Les espaces intérieurs dégagent de profondes vues et proposent de nombreux recoins qui rappellent les vieux immeubles dont le plan a été maintes fois remanié par la succession des habitants.

Logements
et crèche, Paris
Maquette, vue dans
une cour d'entrée

Plans du 3ᵉ étage
(local crèche),
étage courant
et rez-de-chaussée

In fine, le positionnement précis de chaque fenêtre permet de préserver l'intimité des résidents tout en multipliant les vues sur cours. Les cours s'ouvrent sur la rue pour orienter tous les appartements au sud. Elles permettent de créer une séquence d'entrée, un lieu commun et une distance entre la rue et les logements.

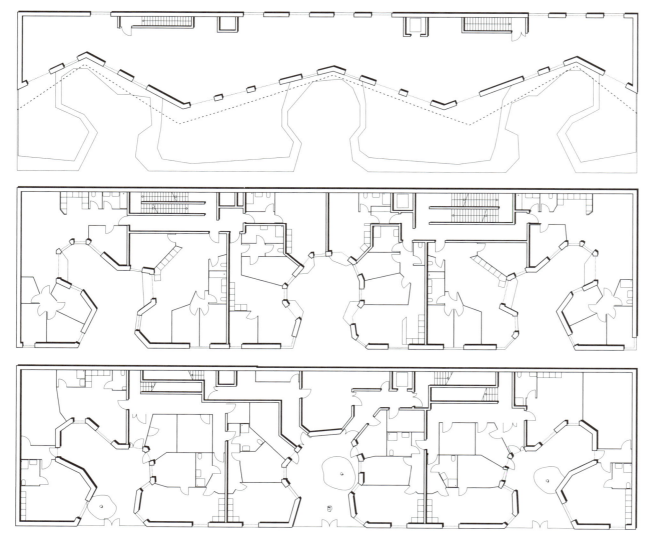

Tony Smith
Cigarette, 1961

Structure

L'architecture est un moyen d'établir un rapport renouvelé à notre milieu, un outil pour moduler l'atmosphère et permettre le déploiement de l'activité. L'architecture crée une exception climatique propice au repos, au travail, à la concentration, à la rencontre... La structure considérée, au-delà de sa réduction à la solidité, de manière large dans les échanges qu'elle entretient avec l'espace, le climat et la matière est le fondement de notre relation au milieu. L'épaisseur de la masse des murs de pierre d'un château fort, malgré sa raison défensive, peut accueillir une alcôve de lumière. Les murs peuvent être des gaines thermiques de rayonnement de chaleur comme l'étaient les parois des thermes romains. La forme de l'habitat peut se confondre avec un mouvement d'air comme une grande cheminée organisant les activités quotidiennes dans le cas du tipi. Les parois coulissantes et les persiennes des maisons tropicales modulent la force et la vitesse de la ventilation. Dans les parcs, les pavillons offrent un abri temporaire à l'ombre et au sec. Les galeries attirent les chalands en les abritant. Les toitures terrasses s'aménagent en solariums. Les façades rideaux tapissent nos séjours du paysage. Les auvents, les préaux et les parasols suscitent la convivialité. Les caves renferment nos perversions. Les structures de l'architecture médiatisent nos relations à l'environnement. Elles échangent avec la physiologie des corps, de leurs souvenirs et de leurs désirs.

Racine des possibles, la structure est à la fois le support contingent des autres composantes de la construction et le creuset des activités. En faisant tenir ensemble par la structure l'hétérogénéité dans un équilibre dynamique entre forme, climat et activité, les installations structurelles architecturales s'expérimentent dans la volupté de l'atmosphère.

Organismes

Jacques Staehle
Schéma des méridiens et des points d'acupuncture

En occident, un médecin qui a posé un diagnostic envoie son malade chez un spécialiste pour une investigation plus poussée. Ce dernier, du fait même de sa spécialité, abstrait l'organe concerné du reste du contexte organique général. Le cas est alors identifié, précisé, et reçoit son étiquette clinique. Un troisième spécialiste entre en jeu, l'homme de laboratoire qui dénoncera le coupable, le microbe, et indiquera, grâce à l'antibiogramme, la substance la plus active contre cet intrus. Le malade ingurgitera alors cette substance et les symptômes disparaîtront. Il sera guéri.

Un médecin chinois abordera le problème d'une manière opposée. Il considèrera que l'organe envahi n'est plus correctement protégé par le reste de l'organisme. En effet, les microbes deviennent agressifs dans des circonstances inconnues, certaines personnes sont infectées mais ne développent pas forcement la maladie se traduisant par le dérèglement de l'organe concerné. Le médecin recherchera pourquoi l'organe est affaibli en étudiant ses rapports aux autres organes. Il replacera l'organisme dans l'ensemble des relations qu'il entretient avec son milieu pour trouver une erreur diététique ou un problème climatique. Le traitement visera à rétablir l'équilibre de l'organisme à son milieu et de l'organe au reste du corps par un régime adapté visant à fortifier les défenses naturelles.

Les deux approches ne sont pas contradictoires mais doivent être complémentaires. Tuer le microbe n'assure pas une guérison globale et se contenter d'aider le corps à réagir peut s'avérer insuffisant.

Il en va de même d'un aménagement, la technique et son efficacité localisée ne résolvent pas le problème de la relation au contexte. Prenons le cas de la pollution des gaz d'échappement des véhicules. On peut développer des voitures électriques qui seront moins polluantes en gaz mais qui nécessiteront la production accrue d'électricité et de batteries. On ne fait alors que traiter le symptôme en déplaçant le problème. Le traitement global devrait plutôt consister à modifier l'environnement en organisant des villes nécessitant moins de transports motorisés.

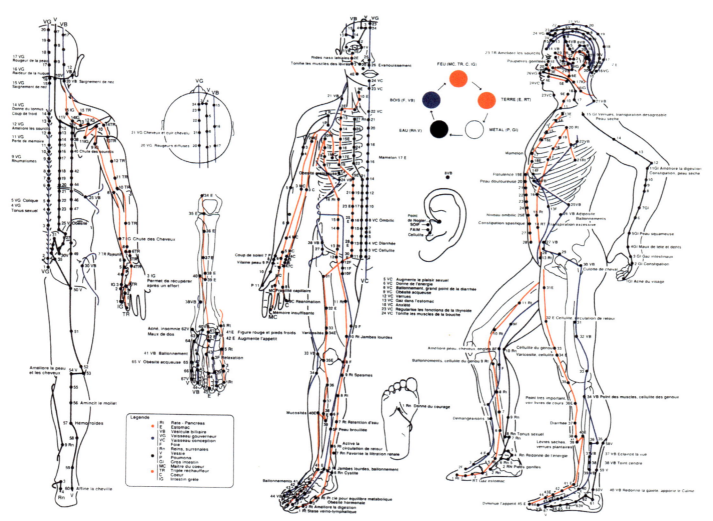

À partir du moment où l'on ne considère plus l'architecture comme distincte de son environnement, on comprend que son rôle consiste seulement à en modifier des propriétés localisées autour de l'activité et nos corps. L'architecture est envisageable comme une prothèse de nos corps nous permettant de réaliser à l'intérieur ce que l'on ne pourrait pas faire à l'extérieur. L'architecture environne les organismes en s'installant entre eux et le milieu. C'est une interface complémentaire à notre physiologie comme nos vêtements.

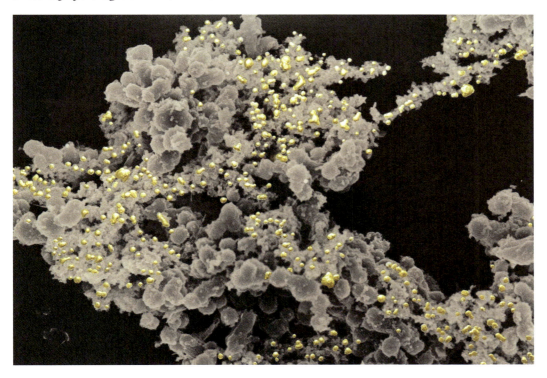

Adam Brown
(en collaboration avec Kazem Kashefi)
The Great Work of the Metal Lover, 2012
Bioréacteur alchimique en verre, collecteur de gaz, réservoir rempli d'hydrogène et de dioxyde de carbone
Les micro-organismes résolvent le rêve ancien des alchimistes et le problème classique de la transmutation en produisant de l'or cristallin à 24 carats. Cela se produit en les exposant à de fortes concentrations de chlorure d'or toxique dans un bioréacteur à atmosphère réduite (dioxyde de carbone et hydrogène), ce qui les amène à développer un biofilm qui ressemble à la couleur de la pierre philosophale médiévale. Lorsque le biofilm est chauffé jusqu'au point de fusion de l'or, de minuscules dépôts d'or se forment. Ici, au lieu de la chimie, c'est la biotechnologie à partir d'organismes unicellulaires qui est utilisée pour produire le précieux métal.

Le microclimat intérieur d'une architecture est généré par ses formes, ses matières, sa ventilation, son chauffage et sa mise en lumière. Pour réaliser ce conditionnement intérieur, la construction s'adapte aux exigences météorologiques extérieures. Le toit gère l'eau et le soleil, les murs et les fenêtres s'occupent du vent et de la lumière, le sol et les fondations rendent le terrain utilisable. L'architecture comme environnement est un moyen d'adapter nos organismes au milieu.

Les formes que prennent les architectures pour établir l'interface entre les humains et leur environnement sont le fondement culturel et sensuel qu'une société entretient avec son milieu : une maison de papier au Japon, une forteresse de granit en Écosse ou une maçonnerie épaisse et enduite en blanc autour de la Méditerranée. Ce sont là des installations atmosphériques ou des structures environnementales.

Auditorium de
Bondy, France, 2014
Vue de la façade
principale

Vue de la salle

Parois

Le Conservatoire de Bondy pour le chœur de la Maîtrise de Radio France est conçu comme un parcours auditif allant du brouhaha de la rue au feutré des salles de musique. Il est composé de couches successives. En premier lieu, sur les rues, on retrouve le grand foyer et la salle d'exposition. Ce sont des zones minérales et réverbérantes où le bruit de la foule est amplifié. Les gens doivent tenir leur voix et se rapprocher pour se parler. Une grande alcôve acoustiquement absorbante aménagée dans le foyer attire ceux qui cherchent à se retirer de la foule.

En second lieu, les espaces de circulation sont traités avec de l'absorbant acoustique pour aider les élèves et le public à se concentrer avant d'entrer dans les espaces destinés à l'audition attentive.

En dernier lieu, au cœur du bâtiment, la salle de concert et les salles de travail ont une acoustique très maîtrisée. Les salles deviennent une extension de l'instrument comme des caisses de résonance dans lesquelles sont plongés les interprètes, les instruments et les auditeurs interagissant entre eux dans cet environnement sonore.

Auditorium de Bondy, Plan de situation

Schéma atmosphérique

Vue du double amphithéâtre

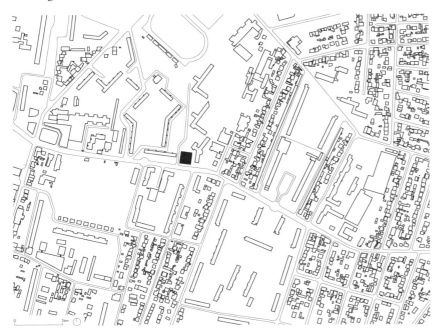

La conception du bâtiment est pensée pour créer un contraste d'ambiance fort entre zones publiques et zones de musique. L'architecture agit ainsi directement sur les organismes, à la fois sur ce qu'ils font et ce qu'ils entendent. Les parois, plus ou moins absorbantes ou réverbérantes, droites ou pliées, réagissent et modulent l'environnement par le son.

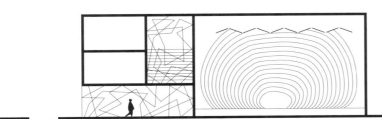

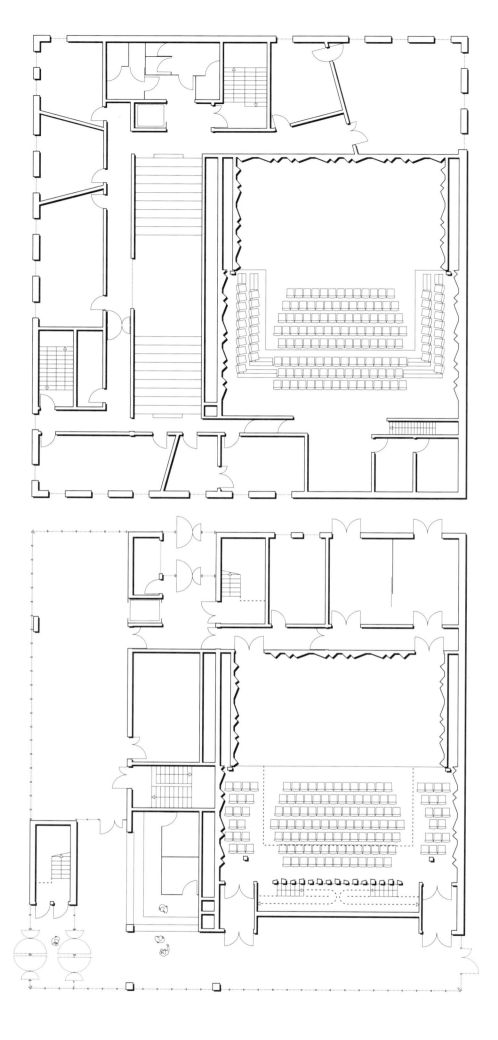

Auditorium de Bondy
Plans du 2ᶜ étage et
du rez-de-chaussée

Activité

Certains parlent de fonction ou de programme, mais dans une
logique environnementale, la notion d'activité semble plus adaptée
pour décrire les actions humaines. L'activité met en jeu les corps

et différents métabolismes de manière simultanée. L'activité est dynamique, elle entre dans différentes interactions. L'activité des corps dégage de l'énergie, du bruit, de la vapeur d'eau, du gaz carbonique, etc.

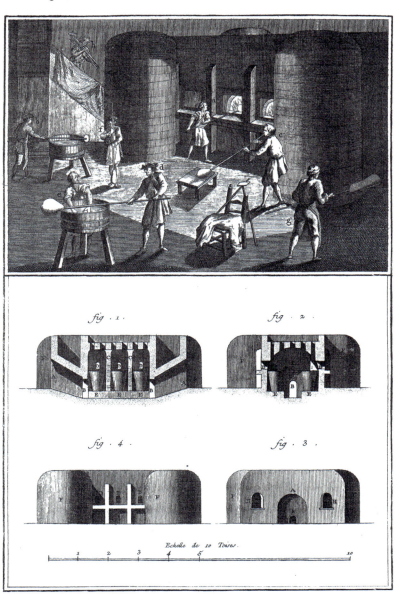

L'architecture est conçue pour accueillir et susciter les activités. Elle régule les diffusions d'énergie thermique, acoustique ou mécanique. Elle module l'atmosphère où prennent place les mouvements des corps et des machines. L'architecture sculpte des exceptions atmosphériques pour permettre aux activités humaines de se développer.

Manufacture des glaces – Des glaces soufflées, 1765
Gravure
Extrait de *l'Encyclopédie ou Dictionnaire raisonné des sciences, des arts et des métiers, volume 4, planche XXXIV*, Diderot et D'Alembert, Paris, Le Breton, 1765
Le haut de la planche représente l'atelier où plusieurs ouvriers sont occupés à souffler les glaces.
Fig. 1. Coupe du four sur la longueur
Fig. 2. Coupe sur la largeur
Fig. 3. Élévation sur le petit côté
Fig. 4. Élévation sur le grand côté du grand fourneau à fondre la matière

Hubert Duprat
Construction de trichoptères (vue depuis le studio), 1980-2000
Or, perles, turquoises, hauteur : 2,5 cm
Fourreaux bâtis par des larves de trichoptères. Les larves utilisent habituellement les matériaux présents dans leur environnement (brindilles, feuilles, graviers, grains de sable, etc.). Ici ce sont des matériaux précieux fabriqués par l'homme qui sont mis à disposition des larves, par l'artiste, pour construire leur enveloppe.

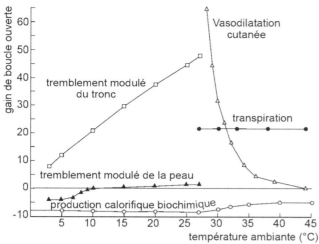

Figure 2 : Diagramme d'ingénieur illustrant la puissance des cinq processus de régulation de température humaine fonctionnant lorsqu'un homme nu est exposé à des températures environnementales différentes

James Lovelock
Illustration reprise de l'ouvrage
La Terre est un être vivant : l'hypothèse Gaïa

Clubhouse du boulodrome de Saint-Ouen, France, 2014
Schéma atmosphérique

Plan

La forme de nos constructions, au-delà de leur solidité, vise à former des espaces et des dispositifs adaptés à nos activités. C'est le cas pour le logement envisagé comme un abri où l'on régule le climat pour vivre confortablement. De manière plus explicite, un four industriel est une masse bâtie permettant de générer la chaleur nécessaire à la production. Dans le cas d'un laboratoire de chimie, le traitement de l'air, la ventilation et l'étanchéité seront des enjeux cruciaux pour l'architecture, car ces conditions interféreront dans les manipulations. Forme, atmosphère et activité sont liées de manière inséparable.

Banc

Situé dans un environnement suburbain où règnent la propriété privée et les clôtures, le clubhouse du boulodrome de Saint-Ouen est conçu comme une palissade adossée à la rue. Du côté du terrain de boule, la géométrie à pans pliés de la façade se retourne en toiture et se prolonge en auvent, créant ainsi un espace ombragé adéquat pour regarder et commenter les parties depuis les bancs intégrés. Au-delà de la fonction, c'est le corps qui est pris en compte dans ce projet pour s'adapter au régime d'activité du jeu de boule fait de lenteur et de concentration. Au-delà du programme initial, d'abriter les locaux du club, ce projet offre aux boulistes l'essentiel : un banc et de l'ombre.

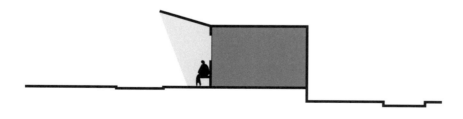

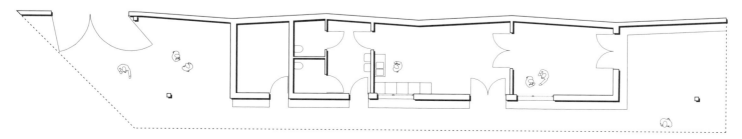

Clubhouse du boulodrome de Saint-Ouen, Vue côté terrain

Vue côté rue

Neurones

Ces dernières décennies, la recherche sur le cerveau s'est intensifiée. La cartographie et la compréhension du fonctionnement neuronal se sont développées rapidement. Le cerveau est le lieu particulier de la synthèse entre le corps et l'environnement. La peau en tant qu'interface entre l'intérieur et l'extérieur du corps est irriguée d'un réseau très dense de terminaisons nerveuses qui informe le cerveau sur les caractéristiques de l'atmosphère. Les autres organes, tels l'œil et l'oreille, viennent compléter ces données que le cerveau synthétise pour permettre au corps entier d'interagir avec son milieu. Le cerveau évolue en fonction de l'environnement extérieur. Il s'adapte, il corrige, il ajuste.

L'architecture interagit avec le cerveau, non pas seulement au niveau de l'intelligibilité au sens d'un langage mais bien dans une approche plus sauvage, plus directe, plus intuitive, plus sensitive. Par ce biais, l'architecture a une ambition « éducative ». Elle cherche par le conditionnement environnemental à modifier les comportements.

En miroir, l'architecture qui se fabrique en atelier est faite avec les mêmes organes perceptifs, mais ils sont utilisés pour anticiper les futures interactions entre les bâtiments et les corps. En utilisant sa mémoire et son imaginaire l'architecte se sert de son cerveau comme d'un simulateur perceptif. Cette phase de conception étant elle-même faite dans un lieu maîtrisable qu'est l'environnement de travail, il faut considérer l'atelier comme un premier outil créatif.

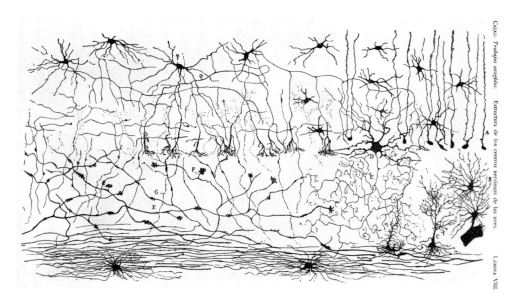

S. Ramon et Cajal, *Structure des centres nerveux des oiseaux*, date inconnue, début du XXᵉ siècle

Dans une agence d'architecture, il s'agit de poser les conditions volontaires et maîtrisées du milieu de développement des projets. En conditionnant les corps au travail, c'est la production architecturale qui est en jeu. On produit ainsi, qu'on le veuille ou non, une architecture liée à l'environnement où les cerveaux fulminent.

Contextes

Un projet construit s'installe dans un contexte réel mais avant d'être réalisé, il est conçu dans un contexte invisible qui influence fortement sa conception. Si ce contexte est invisible sur le site, il est pourtant bien concret et regroupe des personnes, des réglementations, des programmes, des climats, des techniques, des économies ou des politiques. Les acteurs humains ou non humains qui agissent sur le projet forment ce que nous appelons le contexte invisible.

 Pour qu'un projet soit construit, il doit recevoir l'aval des clients, des ingénieurs, des géotechniciens, des associations de protection de la nature, des organismes de certifications, des élus, des services communaux, de l'architecte du patrimoine, des pompiers, de la commission d'accessibilité aux handicapés, de la police, des services de santé, des voisins, des assurances, des préconisations des fabricants, etc. Le projet doit intégrer tous ces acteurs dans son architecture. C'est cela qui en fait un condensé de l'organisation d'une société en un lieu et un temps donné. Le contexte invisible a ainsi souvent plus d'influence sur un bâtiment que la physiologie du site dans lequel il prend place.

 À l'instar des dispositifs qui interfèrent avec l'environnement atmosphérique, les projets peuvent être conçus pour réagir avec le contexte invisible. Une forme sous-définie mais associée à un dispositif identifié, comme une persienne par exemple, permettra d'intégrer les aléas du projet tout en conservant son principe formel intrinsèque. En effet, la persienne à claire-voie peut tamiser la lumière, protéger de l'intrusion, faire office de garde-corps ou de faux plafonds. Le principe formel et le dispositif atmosphérique resteront les mêmes mais trouveront une mise en œuvre informée par les différentes influences du contexte invisible : social, climatique ou sanitaire.

 L'architecture comme environnement ne se limite pas à une acception scientifique et météorologique, elle se joue également dès l'atelier et avec les acteurs du projet qu'ils participent au processus de projet (concepteurs, élus ou utilisateurs) ou qu'ils habitent les lieux de la construction (animaux, plantes ou voisins). Concevoir des installations en interaction avec le contexte visible et invisible en utilisant des dispositifs climatiques relève d'une démarche écosystémique généralisée.

Sol

0 m — -3,9 km

Les fondations de nos bâtiments plongent à quelques dizaines de mètres et nos forages fouillent à quelques kilomètres. Les constructions plantées dans le sol s'élèvent de quelques dizaines de mètres et exceptionnellement à quelques centaines. Nos installations sont pelliculaires. Le sous-sol n'est pas un milieu adapté à notre métabolisme. Pour le rendre viable, nous creusons des cavités que nous remplissons d'atmosphère. Toute notre activité se joue au contact du sol dans une bande de quelques dizaines de mètres. Le sol est la zone d'interface critique où se joue la construction de notre paysage naturel, artificiel et culturel.

Pierre Patte
Profil d'une rue,
Extrait du livre *Mémoires sur les objets les plus importants de l'architecture*,
Paris, 1769

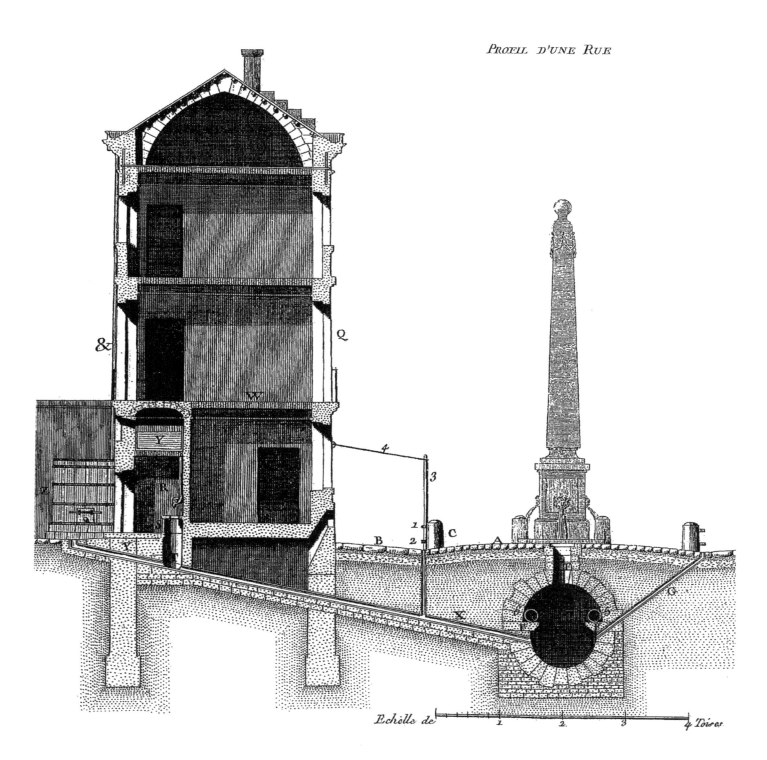

L'entièreté de nos constructions est faite d'extraction minière ou de transformation de végétaux. Nos ressources sont majoritairement issues de la terre, qu'il s'agisse de la nourriture, des matières premières ou de l'énergie. Si toutes ces transformations du matériau terrestre sont ce qui constitue le paysage construit dans l'atmosphère, ce qui a changé depuis quelques centaines d'années avec la révolution industrielle est notre dépendance accrue au sous-sol. De la terre et de la roche, on extrait les matériaux les plus cruciaux à nos activités (charbon, pétrole, métaux, granulats, eau…) et on y implante l'infrastructure de notre organisation terrestre actuelle (réseaux d'assainissement, d'énergie et de communication). L'enjeu du sol n'est plus seulement sa surface, il est devenu son épaisseur et ses profondeurs.

Maxime Bondu
Atlas macrotopographique, Palais des musées d'Art Moderne, 2013
L'œuvre représente à une échelle fortement agrandie les aspérités du sol d'un espace situé à l'intérieur du Palais de Tokyo. La surface représentée est identique au format ouvert du livre produit, qui, posé sur un socle transparent, recouvre physiquement l'espace auquel il renvoie.

Centre international pour la musique à Zelazowa Wola, Pologne, 2018
Plans du 1er étage et du rez-de-chaussée

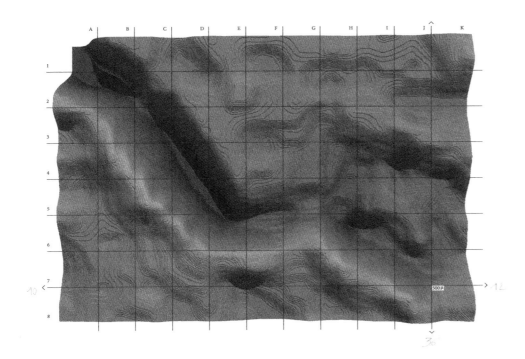

Terrasses

Zelazowa Wola en Pologne est le village de naissance de Frédéric Chopin. La maison natale du pianiste a été transformée en musée. Le site d'installation de la nouvelle salle de concert se trouve sur une colline boisée, dans le parc entourant la demeure.

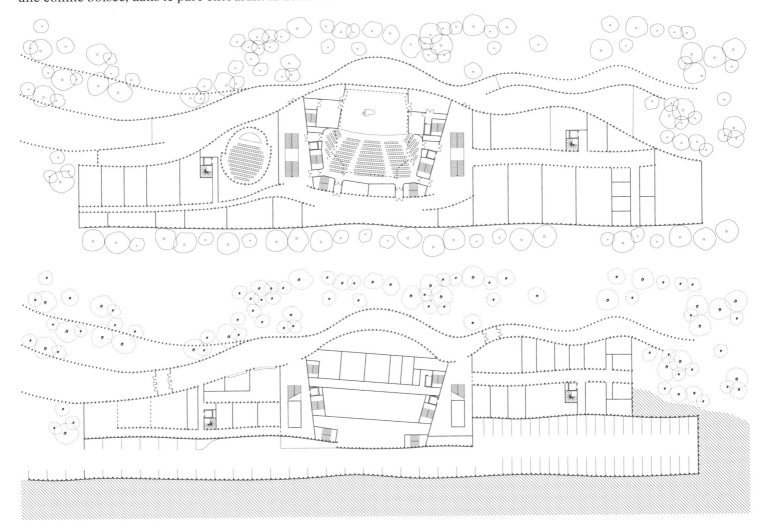

Pour ne pas s'imposer de manière massive dans ce site remarquable, le bâtiment est creusé dans la colline. Il s'inscrit dans la terre natale du compositeur. Ses parois suivent les lignes de niveau du terrain. Elles sont comme des palissades de poteaux de béton habillés de terre cuite émaillée.

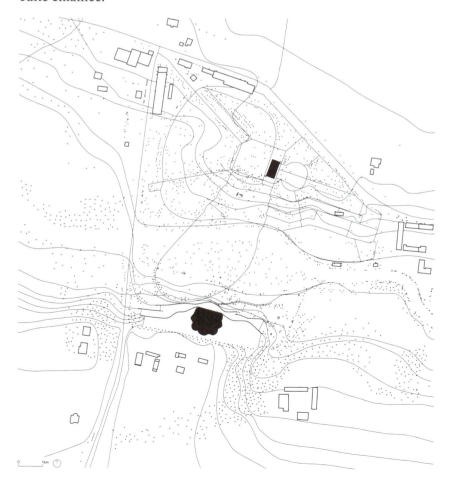

On accède au bâtiment en cheminant entre les arbres. On le découvre installé dans une clairière, puis on longe les alignements de colonnes blanches pour pénétrer dans le hall. En se tournant vers le dénivelé, on domine le parc. Le bâtiment forme une succession de terrasses ouvertes sur le paysage. Le fond de scène de la grande salle de spectacle est vitré et depuis le balcon, on distingue au milieu des arbres, la maison de Frédéric Chopin.

← Centre international pour la musique à Zelazowa Wola Vue de la façade principale

↙ Carte de situation

Frédéric Chopin
Valse en ré bémol majeur op. 64 n° 1 (« Valse minute »)

Centre international pour la musique à Zelazowa Wola, Maquette de la structure élémentaire

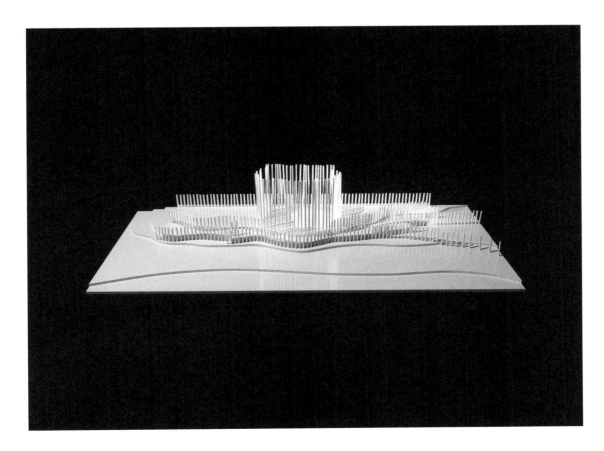

Emma Charles
Fragments on Machine, 2013
Le film révèle la réalité physique et la matérialité d'Internet, un vaste réseau souvent pensé et évoqué uniquement en termes abstraits. Au centre de New York, le film observe l'évolution de l'architecture de la ville pour intégrer les infrastructures matérielles et les connecteurs qui constituent la manifestation physique du monde « virtuel » et remplace l'activité humaine.

Univac, marque du groupe Sperry Corporation, carte mère, modèle 1004, 1965

Réseaux

Si, jusqu'à récemment, le sol était l'enjeu majeur de nos querelles politiques, le sous-sol est devenu un des principaux lieux de conflits aujourd'hui. Notre installation terrestre repose sur un entrelacs de réseaux que l'on oublie car ils sont enterrés. C'est par le sous-sol que nous sommes connectés à la collectivité pour l'apport et l'évacuation de l'eau, de l'énergie et des télécommunications.

Les réseaux sont imperceptiblement devenus notre espace commun. Les tuyaux qui transportent les matières nécessaires à nos activités sont des enjeux de politique territoriale qui deviendront de plus en plus conflictuels. Tandis que ceux qui transportent les informations sont devenus l'agora contemporaine où se forme l'opinion publique et se manigancent les luttes.

Jusqu'à récemment, la majorité de notre culture se stockait et se diffusait sur des supports végétaux en papier, mais depuis quelques dizaines d'années c'est sur une combinaison de minerais métalliques et d'électricité que la culture s'écrit. D'ailleurs, l'information ne s'inscrit plus, elle est mise sous perfusion électrique pour être utilisable. Un livre était accessible dès qu'il y avait de la lumière, un disque dur demande une infrastructure beaucoup plus complexe pour délivrer ses données. Ce qui demandait avant de la place de stockage, comme les bibliothèques, demande aujourd'hui moins de place mais beaucoup plus d'énergie et d'infrastructures.

Fonctionnant ainsi à l'échelle planétaire par la circulation des ressources et des informations, il est devenu crucial de construire une philosophie, une politique, une société et une installation commune à l'échelle de la Terre.

Harvard University
The First « Computer Bug », 1945
Mouche trouvée coincée entre deux points du panneau F, au relais #70, sur le Harvard Mark II lors du test de ce dernier à l'université de Harvard.

Bugs

Accompagnant l'émergence des réseaux électriques et informatiques dans nos environnements, les bugs se glissent partout. Ils sont l'émergence architecturale des réseaux qui tissent nos villes. Dans leur coque en plastique, les interrupteurs, les détecteurs, les sondes et autres antennes s'activent par intermittence, créant un bruit de fond permanent. Ils peuvent être une présence rassurante pour ceux qui les ont toujours entendus ou une source de tapage à bas régime pour ceux qui souhaiteraient le silence. Nous avons appris à vivre avec, car nous avons besoin d'eux en permanence. Ils forment une faune électrique qui grésille, cliquette, bipe, clignote, souffle, aspire, rayonne, éclaire...

Ils créent un écosystème climatique, sonore et lumineux. Prenez une pièce dans laquelle vous venez d'allumer la lumière. Les ampoules à économie d'énergie repoussent doucement l'obscurité de l'espace comme le lever d'un soleil artificiel. Un petit *bzzzz* commence. Au passage, le compteur électrique s'est réveillé et enregistre le changement de régime du débit d'énergie. Vous mettez ensuite en marche un ordinateur. Il produit à son tour un petit sifflement. Ces bestioles électriques se mettent alors à chauffer. Associant leur chaleur à celle de votre corps, la température dans la pièce s'élève doucement, jusqu'à ce que le thermostat du radiateur claque, signifiant la coupure temporaire de ses résistances. L'hygrométrie de la pièce change peu à peu et la ventilation mécanique s'y adapte, l'intensité du léger sifflement d'air provenant des toilettes évolue. Un équilibre instable s'installe. Reliés au système nerveux du bâtiment, les dispositifs électriques et électroniques s'insinuent dans toutes les parois : plafonds, murs et sols. Ils se glissent dans les charnières et les serrures. Ils facilitent ou entravent vos déplacements. Il faut vivre avec. Ils ont d'ailleurs été conçus et installés pour améliorer la vie (ou la contrôler). Il faut trouver des terrains d'entente avec eux pour vivre dans les bâtiments contemporains.

    L'informatique, l'électronique et l'électricité sont le matériau de notre temps. Depuis un peu moins de deux siècles, nous sommes rentrés pleinement dans l'ère électrique. Aujourd'hui, les téléphones, les ordinateurs, les cartes de paiement et autres capteurs connectés sont en train de dédoubler la vie réelle sous forme d'information. L'urbanisme pourra bientôt se faire avec les datas de tous ces appareils et des informations qu'ils récoltent et que l'on stocke en tas dans des datacenters (déplacements, rythmes de vie ou goût de consommation). De même, la gestion climatique des bâtiments est pilotée de plus en plus par des intelligences artificielles qui optimiseront les consommations d'énergie en fonction de notre position et de nos activités actuelles et à venir.

    La présence des équipements de l'âge électrique sur le territoire, dans le paysage et dans la vie quotidienne ne peut plus être négligée par l'architecture, car leurs effets sur notre environnement deviennent prépondérants. En termes de conception et de mise en œuvre, il faut leur trouver une place. Tous ces dispositifs créent en effet des bugs architecturaux, aussi bien conceptuels, fonctionnels qu'esthétiques. Peut-on se contenter de les cacher dans des faux plafonds et feindre de les maîtriser ? Doit-on les supporter comme des parasites nécessaires et établir une symbiose ? Peuvent-ils devenir des ornements célébrant l'information comme divinité contemporaine ? Le déni architectural n'est plus possible.

Nature, culture et subjectivité

Une première étape vers l'union des catégories conflictuelles que sont la nature, la culture et le sujet consiste à leur donner un arrangement ordonné et dynamique. On peut proposer le postulat suivant. Les humains sont des produits de la nature que l'éducation vient façonner par l'intégration d'une culture et que le parcours de chacun rend singulier en créant une subjectivité.

Pierre Huyghe
Untitled (Human Mask), 2014
La vidéo s'ouvre sur des images de la ville de Fukushima, tournées à l'aide d'un drone dans un Japon post-apocalyptique. La caméra s'introduit dans une salle de restaurant plongée dans un clair-obscur où se trouve un singe déguisé en jeune fille portant un masque blanc inspiré du théâtre Nô (redessiné par l'artiste). L'œuvre s'inspire d'une vidéo virale diffusée sur YouTube avant la catastrophe nucléaire montrant le même singe, dressé pour servir dans ce même restaurant. Le singe, désormais livré à lui-même, vit seul et reclus dans un univers de désolation, prisonnier étrangement humain et mélancolique de sa domestication.

Ces trois champs, ainsi superposés, interagissent les uns avec les autres, structurant de manière simple et dynamique l'idée que nous nous faisons d'un humain.

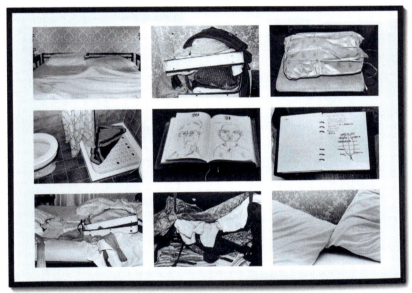

Sophie Calle
L'Hôtel, Chambre 43,
28 février 1981
« Le lundi 16 février 1981, j'ai été engagée comme femme de chambre pour un remplacement de trois semaines dans un hôtel vénitien. Au cours de mes heures de ménage, j'ai observé par le détail des vies qui me restaient étrangères. Le vendredi 6 mars 1981 mon remplacement a pris fin. » Présentation de Sophie Calle

La conception d'un bâtiment peut suivre un développement similaire. En premier lieu, on traite les questions les plus en lien avec le contexte naturel : topographie, climat ou paysage. Ensuite, on intègre les spécificités climatiques et culturelles locales. Enfin, c'est la singularité des activités, des acteurs, des concepteurs qui viennent apporter des aspects subjectifs au projet. *In fine*, une composition aboutie de ce mélange génère un projet acclimaté, signifiant et spécifique.

Le projet se forme par un jeu d'interactions. En se développant, il influence tout autant ses concepteurs que les acteurs du contexte invisible qui prennent part à sa conception. Ce jeu d'interactions provoque une réaction en chaîne. Les acteurs qui se sont investis dans un projet ont souvent fait évoluer leurs idées et leurs manières d'appréhender les problèmes. Ceux qui y ont assisté ont aussi évolué. Ils diffusent alors autour d'eux les idées du projet et racontent l'évolution qu'ils ont vécue. Par les mêmes phénomènes d'interaction et de réactions en chaîne, le bâtiment une fois construit modifiera à son tour le milieu.

Un projet n'est qu'une participation, un moment d'interaction dans un environnement en permanente évolution. Si l'on veut agir dans le monde, le projet doit être envisagé comme une impulsion dans la transformation permanente du monde. C'est un élément modificateur dans un contexte préexistant. Ce n'est pas l'accomplissement d'une perfection idéale. Un bâtiment est approprié par son milieu. Un projet modifie l'environnement des habitants et leur perception du monde. En retour, ces résidents le transforment pour l'adapter à leurs activités. C'est ainsi que le projet prend vie en entrant dans les interactions avec tous les constituants de son milieu.

Clarté

Après les postmodernes qui ont amené l'architecture dans les circonvolutions des discours de façades, des décorations de casinos et des pastiches historicistes, après le culte de la congestion métropolitaine et de ses complexités, après les acrobaties informatiques de la fin du XXe siècle, s'exprime le souhait d'une voie vers la simplicité, l'authenticité et la clarté.

    S'il y a une question évidente à traiter aujourd'hui, elle se trouve au cœur de l'architecture. Quel abri construit-on pour la vie des Terriens ? Cette question n'est pas pour autant réservée au domaine de la technique. Bien au contraire, elle est d'ordre plastique, culturel, philosophique et politique. Le sujet de la nature, du contexte, du milieu, de l'environnement est à traiter par tous les autres champs que la technique et en premier lieu par l'architecture et l'aménagement.

    Pour faire une architecture adaptée à son environnement, il s'agit de relire et de reprendre certains éléments du modernisme dans son ambition à construire un habitat humain. Néanmoins, il ne faut pas tomber dans l'ornière de l'orthodoxie rationnelle, scientifique et déterministe. On peut ajouter à cela les expressions de la culture populaire et la libération de l'individu promue par la postmodernité. On peut également y intégrer les complexités de la congestion métropolitaine tout en lui donnant plus de volupté.

    Dans les faits, la matière première de l'architecture est devenue l'atmosphère. Par les normes, on cherche à en contrôler les mouvements, la composition, l'hygrométrie, la température ou la nocivité. L'atmosphère passe à travers nos bâtiments et nos corps. C'est la matière dans laquelle nous évoluons, elle n'est plus une extériorité. Nous sommes un de ses composants, tout comme les objets que nous fabriquons. Malheureusement, à force d'excitation, nous avons modifié son équilibre. Une réaction immunitaire inflammatoire s'est déclenchée. Aujourd'hui, la question climatique est devenue primordiale et demande aux concepteurs de mettre à jour leurs théories pour réunir les humains et la Terre, les cultures et les sciences.

    La nouvelle clarté est celle de l'installation de structures élémentaires qui interagissent avec le milieu pour en construire l'atmosphère. Cette approche écosystémique, loin de se perdre dans les complexités scientifiques et technologiques, doit proposer des installations actives comme lieu d'intensité de l'action humaine dans son environnement. Il ne s'agit plus de faire des machines à habiter, des hangars décorés ou des gratte-ciels mais des pavillons qui prennent comme matière première l'épaisseur de l'atmosphère. L'objectif n'est ni de construire une utopie fonctionnant parfaitement comme une solution définitive, ni un monde d'individus libres de consommer en toute jouissance, ni de se laisser porter par le cynisme et le vertige de la mondialisation, mais de participer à l'invention d'une relation renouvelée à la planète. Il s'agira de prôner l'inachevé comme la voie vers le perfectionnement, l'individu comme apport de l'énergie initiale du collectif et la mondialisation comme la ressource de cultures expérimentées dans les savoir-faire adaptés aux climats locaux.

    C'est un engagement démocratique qui se présente aux architectes en traitant un sujet commun et non un sujet disciplinaire : faire des éléments de l'environnement une matière première de l'architecture. Cette démarche demande de penser à nouveau de manière holistique, comme dans la mythologie antique, et non plus de façon idéale, cartésienne, positiviste ou marxiste. En effet, si la démarche occidentale, combinant sciences, organisation sociale et technicité, a permis un essor matériel et culturel sans précédent dans l'histoire de l'humanité, elle atteint aujourd'hui ses limites. Cette accélération des activités humaines est la cause de la crise actuelle. Dans ce moment d'incertitude, nous avons le choix entre le repli sur l'autonomie et les fondamentaux en radicalisant la poursuite d'un paradigme précédent (nationalisme, fondamentalisme, académisme, conservatisme, orthodoxie, technologisme, etc.)

→ Stanley Kubrick
Image du film
2001, L'Odyssée de l'Espace, 1968
Scène où les astronautes découvrent un monolithe noir sur la Lune. La première apparition du monolithe dans le film a lieu au sein d'un groupe de singes pré-humains qui viennent de découvrir l'outil comme arme et projectile. La seconde apparition du monolithe correspond à l'avènement de la technologie qui permet aux humains de voyager dans l'espace. La troisième apparition a lieu dans une chambre d'hôpital où un homme est au seuil de la mort. Le monolithe noir est une question ouverte sur la suite de l'existence humaine.

ou l'intégration du changement actuel par une approche écosystémique planétaire. Il s'agit de remplacer la course effrénée vers la nouveauté par l'exigence et les plaisirs de la qualité. En allant dans cette direction tout est à construire : économie, organisation sociale, technologie, art, politique et architecture.

Annexes

L'agence

Brice Chapon et Émeric Lambert se sont rencontrés à l'École Polytechnique Fédérale de Lausanne. Après avoir travaillé pour des agences françaises et internationales, ils fondent Parc architectes en 2009 à Paris.

L'agence est désignée lauréate des Albums des Jeunes Architectes et Paysagistes par le ministère de la Culture et de la Communication en 2012. Son premier bâtiment a été nominé au prix de la première œuvre de l'Équerre d'argent en 2014. Elle remporte le concours du centre culturel de la Polynésie française en 2017.

L'agence travaille actuellement sur des projets d'architecture, d'urbanisme et de recherche. Brice Chapon et Émeric Lambert enseignent respectivement dans les écoles d'architecture de Paris Val de Seine et de Versailles.

Table des projets

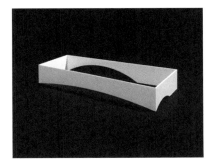

Conservatoire de musique 8

Lieu	Meyzieu (France)
Surface	2 600 m²
Statut	Lauréat en 2017
Maître d'ouvrage	Ville de Meyzieu
Équipe	*Bureau d'études structure*
	Batiserf Ingénieries
	Bureau d'études fluides
	Nicolas Ingénieries
	Bureau d'études environnement
	Nicolas Ingénieries
	Scénographe
	Atelier FCS – Frédéric Casanova
	Bureau d'études acoustique
	Peutz & Associés
	Paysagiste
	Praxys
	Économiste
	Bureau Michel Forgue
Perspectives	Artefactory Lab

Index des projets

Conservatoire de musique	8
Meyzieu	
Restructuration d'une ancienne usine	14
Gennevilliers	
Immeuble de bureaux	21
Paris	
Centre culturel de la Polynésie française	27
Papeete	
Immeuble de logements	30
Vitry-sur-Seine	
Bureaux pour Adidas	36
Herzogenaurach	
Crèche multi-accueil	38
Paris	
Réhabilitation d'un théâtre	42
Saint-Priest	
Salle de musiques actuelles	48
Roche-sur-Yon	
Immeuble de logements	53
Nantes	
Immeuble de logements	58
Paris	
Immeuble de logements et crèche	62
Paris	
Auditorium et conservatoire	68
Bondy	
Club-house de boulodrome	72
Saint-Ouen	
Centre International pour la Musique	77
Zelazowa Wola	

Restructuration d'une ancienne usine 14

Lieu	Gennevilliers (France)
Surface	7 400 m²
Statut	Livré en 2017
Maître d'ouvrage	Hertel Investissement
Équipe	*Bureau d'études TCE*
	Scoping
Photographies	Thomas Lang

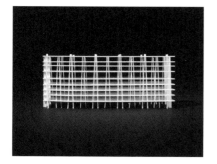

Immeuble de bureaux 21

Lieu Paris 17ᵉ (France)
Surface 10 000 m²
Statut Concours en 2014
Maître d'ouvrage Icade Promotion
Équipe *Architecte associé*
CALQ
Bureau d'études fluides
Elioth
Bureau d'études environnement
Elioth
Bureau d'études structure
Bollinger & Grohmann
Perspectives Étienne Jaunet

Immeuble de logements 30

Lieu Vitry-sur-Seine (France)
Surface 4 700 m²
Statut Livré en 2019
Maître d'ouvrage Ogic
Équipe *Bureau d'études TCE*
EPDC
Photographies Thomas Lang

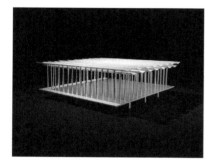

Centre culturel de la Polynésie française 27

Lieu Papeete (Tahiti)
Surface 4 475 m²
Statut Lauréat 2017
Maître d'ouvrage Ministère de la Culture, de l'Environnement et de l'Artisanat, en charge de la Promotion des Langues et de la Communication de la Polynésie française
Équipe *Architecte associé*
a.maramarama
Bureau d'études structure
Polynésie Ingénierie
Scénographe : Atelier FCS – Frédéric Casanova
Bureau d'études acoustique
Peutz & Associés
Bureau d'études fluides
Neonergie
Bureau d'études environnement
Neonergie
Économiste
Bureau Michel Forgue
Perspectives Artefactory Lab

Bureaux pour Adidas 36

Lieu Herzogenaurach (Allemagne)
Surface 36 200 m²
Statut Concours en 2014
Maître d'ouvrage Adidas
Équipe *Bureau d'études TCE*
Bollinger & Grohmann
Perspectives Étienne Jaunet

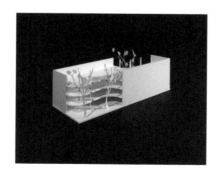

Crèche multi-accueil 38

Lieu Paris 20ᵉ (France)
Surface 1 450 m²
Statut Lauréat 2016
Maître d'ouvrage Ville de Paris
Équipe *Bureau d'études TCE*
Projex Ingénierie
Bureau d'études environnement
Diagobat
Perspectives Étienne Jaunet

Réhabilitation d'un théâtre 42

Lieu Saint-Priest (France)
Surface 5 450 m²
Statut Concours en 2016
Maître d'ouvrage Ville de Saint-Priest
Équipe *Bureau d'études structure*
Brizot-Masse
Bureau d'études fluides
Inex
Économiste
Bureau Michel Forgue
Scénographe
Atelier FCS –
Frédéric Casanova
Bureau d'études acoustique
Peutz & Associés
Perspectives Artefactory Lab

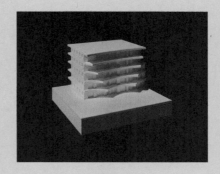

Immeuble de logements 53

Lieu Nantes (France)
Surface 1100 m²
Statut Livré en 2019
Maître d'ouvrage Bouygues Immobilier
Équipe *Bureau d'études structure*
Serba
Bureau d'études thermique
Enercia
Photographies Thomas Lang

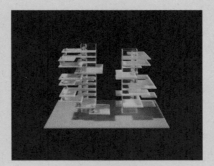

Immeuble de logements 58

Lieu Paris 13ᵉ (France)
Surface 4 025 m²
Statut Concours en 2017
Maître d'ouvrage REI Habitat –
Icade Promotion
Équipe *Architecte associé*
KOZ architectes
Bureau d'études TCE
Elioth
Paysagiste
Atelier Georges
Perspectives Artefactory Lab

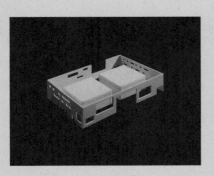

Salle de musiques actuelles 48

Lieu La-Roche-sur-Yon (France)
Surface 4 057 m²
Statut Concours en 2017
Maître d'ouvrage Ville de La-Roche-sur-Yon
Équipe *Bureau d'études TCE*
TPFI
Scénographe
Atelier FCS – Frédéric
Casanova
Bureau d'études acoustique
Peutz & Associés
Perspectives Artefactory Lab

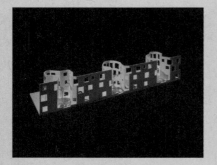

Immeuble de logements et crèche 62

Lieu Paris 12ᵉ (France)
Surface 2 330 m²
Statut Concours en 2016
Maître d'ouvrage RIVP
Équipe *Bureau d'études structure*
Batiserf
Bureau d'études fluides
Inex
Économiste
Bureau Michel Forgue

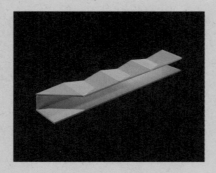

Clubhouse de boulodrome 72

Lieu Saint-Ouen (Paris)
Surface 85 m²
Statut Livré en 2014
Maître d'ouvrage Ville de Saint-Ouen
Équipe *Bureau d'études TCE*
GMGB
Photographies Thomas Lang

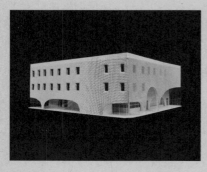

Auditorium et conservatoire 68

Lieu Bondy (France)
Surface 1 800 m²
Statut Livré en 2013
Maître d'ouvrage Ville de Bondy –
Est Ensemble –
SEQUANO Aménagement
Équipe *Bureau d'études TCE*
CET Ingénierie
Scénographe
Atelier FCS –
Frédéric Casanova
Bureau d'études acoustique
Peutz & Associés
Photographies 11h 45

Centre International pour la Musique 77

Lieu Zelazowa Wola (Pologne)
Surface 10 000 m²
Statut Concours en 2018
Maître d'ouvrage Institut Frédéric Chopin,
Varsovie
Équipe *Architecte associé*
Pracownia Architektoniczna
Aleksandra Wasilkowska
Bureau d'études acoustique
Peutz & Associés
Perspectives Artefactory Lab